鹿砦社 LIBRARY 005

定年ダンディの作り方

渋い男になるための普段着の着こなし術

馬場啓一 著

鹿砦社

定年ダンディの作り方
渋い男になるための普段着の着こなし術
目 次

帯+トビライラスト ー カノヨシタカ

はじめに

「定年だからダサい、というのはオカシイ」

ひとは老境を迎えると、定年制度により職場を離れる。これはほぼ世界的な取り決めである。なにより体力が仕事に追いつかない現実に、直面するからだ。老いたから現場を離れる。これが定年である。

奥方も、長年連れ添っていながら、濡れ落ち葉などといって、このように定年を迎えた旦那を勝手に見放す。一緒に歩くにはダサいとばかりに。冷たいものである。

しかし老年とは本当にダサいものだろうか。渋い魅力、などと持ち上げる表現もあるように、老いたからカッコ悪いとは必ずしも言い切れないのではないか。人には歳に応じた魅力があるはずである。

問題は、どうも当人がそれと思い込んでいるところにありそうだ。俺はもう歳だからダサいと。勝手にそう思い込んでいる。

この本はそういう思い込みの強い男たちに、大丈夫定年が来てもまだまだカッコよく、今でも世間に顔向けできるよと、勇気を与えようというものである。頑張っていこうぜと、エールを送ろうというのだ。

もっとも、人には差がある。皮膚年齢なども、同じ歳で結構な開きがあることを、人は経験で知っている。こういうことにつとに敏感な女性たちは、だから自分が如何に若く見えるかに、血道を上げる。お肌を若く保つための商品のＣＭが毎日大変な数でオンエアされているのが、この辺りに事情を物語っている。

幸い男たちに、これはない。若い連中に向けたフェイシャル・エステ商品の広告は見られるが、老人向けにはない。皮膚がどう老化していようと、常識としては、余り問題にされていないようである。

となると老人ゆえのかっこ悪さを防ぐのは、着るものに求められる。あとは、ま、歩く姿勢とか体力、張り、そういったものだろう。こちらは各人エクササイズに励むなり、ジムに通うなり、水泳を日課にするなりして、追い求めていただきましょう、要は普段着るもので、老人臭さを払拭すること。これである。これで、そう、十歳は若く見えるはずである。

ここでは、どういうものを、どう着こなすかについて、示していきたい。選び方と、着方である。そしてそれらを何処で買うかだが、それについては一章を設けて教示してある。安心されたい

SECTION1

ズボンの極意

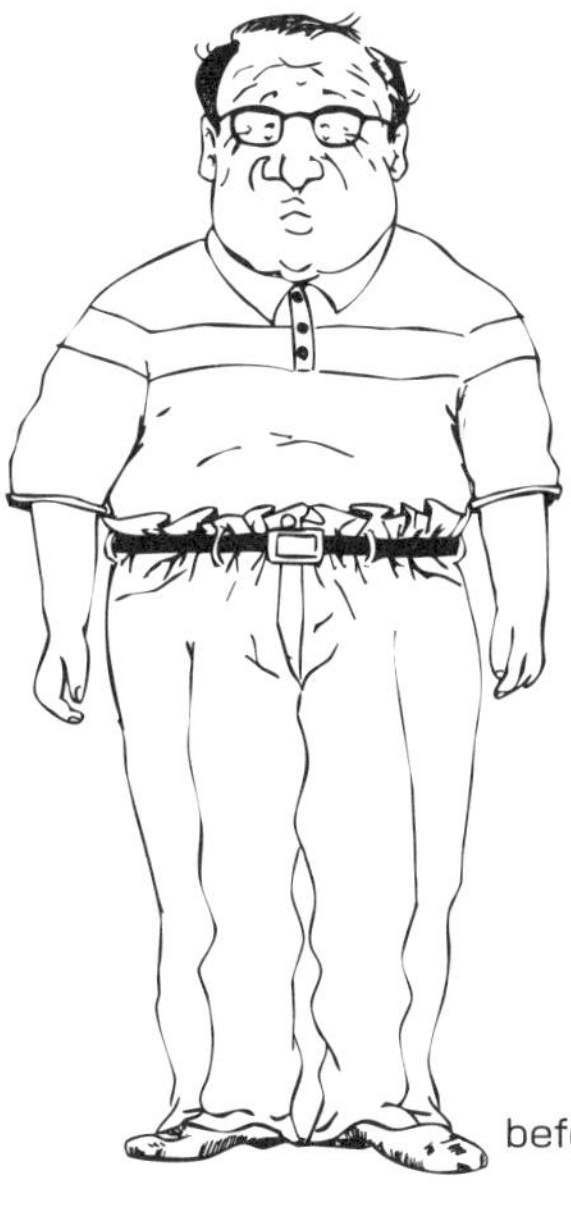

before

およそ男の服飾で最も肝心なのはズボンである。サラリーマンの常用していた背広というのは、当然のことながら上着とズボンから成っていた。両者はセットで、それをシャツとネクタイが繋いでいる、という格好だった。

そしてこの上着とズボンという組み合わせ、まことに男の肉体を立派に見せてくれるものであったことに留意してほしい。

すなわち男性の肉体の最大のポイントであり、一種の締めくくりであった腰の部分を、上着が巧みに隠し、下からズボンが何事もなかったかのように、スルリと支えている。そういう寸法だったのだ、ということを。

男の身体のポイント、それは腰であり、そこには美点も弱点も現れ、まことに饒舌に披露してしまうものであった。そのポイントを、背広なるものは上着によってズボンとセットで、巧いことカモフラージュしていたのである。それが背広の正体であり、今日なお世界中の人々がこれを男性の正式ファッションとして認めている理由なのである。

要するに背広を着てさえいれば、男は何とかなるのですね。

だから定年で問題なのは、そういう万能のような背広を着られなくなって、何かそれに代わるものを見つけなくてはならない、ということなのである、こいつは大変だよね。なにしろ背広がそんなに大変な代物だとは思っていなかったのだから。

　世の中には、この背広のように、使用する機会を失うことによって初めてその偉大さ、有難さが身に染みるものがあるが、ここでそれをどうこう言ってみても始まるまい。とにかく確かなのは、定年によって背広を着る機会はなくなってしまう、ということなのだ。

　しかしそう悲観してばかりもいられない。ここでズボンの要諦について記す。それも単なる概論としてではなく、実際の要に供するものとして、である。

　それではズボンの実際とは。

　それを語る前に、これはズボンに限らないが、自分のサイズをきっちり把握する必要があることを強調しておきたい。〔**教え、その1**〕

　ここでサイズとは、すなわちウェストのサイズ、それと股下のサイズである。

　言い切ってしまうなら、この二つを正確に知り、それに合うズボンを選べば、問題は解決するのである。簡単なことなのだ。だが、それがそう単純ではないところに、問題の核が潜んでいる。随分に大げさな物言いになってしまったが、これは仕方がない。

まずウェストだが、臍《へそ》の少し下を計測する。よく腹を引っ込めて測る人がいるが、これは身のためにならない。正しくないからで、正しくないサイズで選ぶズボンは、従って正しくないズボンということになる。例え到達目標としての数値であっても、到達していなければ、それは文字通り絵に描いた餅である。

そしてもう一つ、股下。足首から陰部に至るサイズである。これも正しくなければサイズの合わないズボンを穿くことになる。ジーンズだけは普段の股下サイズとは異なる数値が必要だが、これは逆に言うとジーンズは別サイズと覚えておく。普通のズボンとは別の代物なのだ。それはとにかくズボンを選ぶ場合は以上のサイズを基本にして選び、股下の寸法直しの際、それを告げる。

後に述べるように、メーカーやブランドによって製品のサイズは、実際に示されているものと微妙に異なる。だから本当は、店でズボンを買い求めるたびに、改めてサイズを測ってもらうのがよい。それを続けるうちに自分のサイズの確定値がわかるだろう。

さて実際に店に行って、ズボン選びを行ってみよう。

まずはコットン・パンツ。綿のパンツである。当然ながら今日まで一本も綿パンを穿いたことのない人、持っていない男というのは珍しいだろう。誰だってコットン・パンツの一本くらいは持っているものである。

で、どうしています、その綿パン。滅多に穿かないでしょう。だって、どうも、似合わないから。おそらく奥方が近所のスーパーで、股下とウェストだけを頼りに買い求め、はいこれよ、と渡されたのでは。

そうなのだ。綿パンはそのように買い求められ、なんだか俺に似合わないな、と思う男たちをこれまで大勢生んで来たのである。

これを、後述するように、マッカーサーの呪い、と呼ぶ。（ホントかよ）

「シングルかダブルか」

ズボンの裾はシングルか、それとも折り返しのダブルか。これはオケイジョンによると、これまでされていた。いわく、フォーマルにはダブル、そしてカジュアルにはシングル。ただし極フォーマルである燕尾服やタキシードにはシングル。まあ、そういうわけである。

ここで本書の読者にはズボンの裾は断然ダブル、と提唱したい。理由は、そうバランスを考え、ズボンの下部に比重を移すためである。チャッカブーツを選ぶのと同じ発想だ。なにしろ目立つからね。

すらりと脚を見せたい時、シングルであっさり流すのと、ダブルで先端を重くするのとでどちらがすらりと見えるだろうか？

これはダブルが正解なのですね。シングルより、見た目、サラッと身上を感じさせるものになる。

手っ取り早く、安価な綿パンツを二本買い求め、それでダブルとシングルを穿き比べれば、結果は自ずから明らかだろう。見た目、すなわち目の錯覚で、ダブルの方がさらりと長く見えるのだ。

ただし、裾幅は普通より狭い感じで、丈もやや長めとする。これはジーンズを折り返して穿く発想に通じるもので、ストンとストレートで穿くより、やや小さな、そう2センチちょっとくらいで折り返した方、がスマートに見えるのと同じなのだ。目の錯覚である。

ジーンズの場合は2センチちょっとだが、綿パンツや普通のウールのズボンの場合は折り返しは3センチ5ミリが妥当な数字であろう。要はバランスで、一八〇センチというような長身の人の場合は4センチくらい必要かもしれない。でもここでは、そういう恵まれた体型の方は相手にしていません。

お店で、綿パンツの裾をダブルにしてくれとオーダーすると、こいつシロートだなという顔をされる。まことに困ったもので、誰がどういう教育をしているのか知らないが、メンズ・ショップに通って50年という人間にとって、まことに笑止千万なことである。

かつて、まだ日本人が洋服に馴染んでいるとは言い難かった時代、メンズ・ショップの店員はキリスト教の伝道者のような存在であった。フランシスコ・ザビエルだったのだ。彼らは有り難い教えを広める先達さまだった。

だから、洋服のイロハから教えねばならなかった日本の未開人たちに、綿パンツの裾は三十センチで、折り返しのないシングルが神の教えであると、おごそかに、のたもうたのである。何も知らない日本人は、それこそ金科玉条とこれを押し頂いた。爾来半世紀、教えは固定されたままメンズ・ショップのマニュアルに刷り込まれ、何も知らない店員たちの教科書となった。

ここは本当は、こうではないか。

「はいお客様、通常綿パンツはシングルですが、お客様の好みは多様化しております。ダブルでも今日は十分通用いたします」

もし量販店に文句があるとすれば、ここですね。

急激な出店で人手が足りなくなり、様々なレベルの店員が集まることとなった。文字通り玉石混合である。そしていけないことには、優れた店員も転勤や配置転換が目まぐるしく、地元の顧客との良い関係が結ばれないまま次の店に移ることになってしまう。

女子は比較的移動が少ないが、それでも顔馴染みになった女性店員が、いつの間にか姿を消していたりする。ここはひとつ地元との密着という観点から、人員配置を考えていただきたい。

車のディーラーや、町内の昔からの電気屋さんは、顧客が何年同じ車に乗っているか、テレビを買ってから何年経つか、ちゃんと知っているものである。メンズ・ショップも、かつてはこういう情報をインプットし、スーツやコートの新調時期を顧客に促したものである。一種の企業努力である。それを煩《うるさ》いと取るかサービスと取るか、今日の常識は昔と異なっているかもしれない。だが量販店もいずれ出店のスピードが鈍るであろう。そういうとき、顧客サービスが生き残りの分かれ目となるかもしれないのだ。

「マッカーサーの呪い」

昭和二〇年八月二九日、厚木飛行場に降り立った連合国最高司令長官ダグラス・マッカーサー元帥は、将校の着用する官給品である上下の戦闘服を着用していた。チノ・クロスと呼ばれる生地の、いわゆる木綿の上下である。で、このズボンが太かったのですね。

綿パンを初めてしっかり日本人が目に焼き付けたのは、この時の写真によってである。そしてその写真の元帥は丸腰であった。これは日本人の度肝を抜いた。マッカーサー一流の演出であったが、そんなこと当時の日本人にはわからない。

あまつさえ元帥はこれで昭和天皇にも会った。一方の天皇陛下は礼装、しかしマッカー

このマッカーサーの幅広ズボンがまずかった。

サーは略装とも言うべき戦闘服姿。これも新聞の第一面を飾り、日本国民は敗戦がどういうものであるかを肌で知った。

それはとにかく、マッカーサーのズボンは太かった。元帥は一八〇センチに少し足りないくらいの身長だろうが、ズボンの裾幅は30センチくらいあったのではないか。で、人々はそれが綿パンの適正な裾幅であると認知したのである。これをマッカーサーの呪い、と呼ぶ。（再び、ホントかよ）

それはバランス上、如何にも太すぎるのである。適正なサイズは25センチくらいではないか。結果として、綿パンの裾幅は見た目に太いものと相場が決まり、腰から太腿を経てズドンと裾まで、まるで袴のようにゆったりしたものに、決まってしまったのである。

これも、着る側にある程度身長があれば、まだ見られる。そう、例えばグレゴリー・ペックみたいに。ペックは映画「仁川《インチョン》」でマッカーサーに扮したが、写真で伝わっている通りの格好をしていた。そしてそれはそれで、似合っていた。一九〇センチ近い身長があるからね。ところが日本人の、それも一七〇センチ以下の男たちがそういう太い裾幅のを穿くと、いかにも鈍重に、かったるいものに見えるのですね。これはバランスの問題なのだが、メーカーは一向に変えようとしなかった。マッカーサーの呪いである。

かつて今上天皇が皇太子の時代に「**殿下、ズボンの幅が広すぎます**」と雑誌に書かれたことがあった。婦人誌だった。相手は皇太子殿下のズボンである。皇室御用の飛び切りのテーラーが仕立てはずのズボンが、ものすごく太くて、これではちょっと、と記者かファッション評論家が、ご注意申し上げたのだ。

皇室の記事をファッション絡みで書くのは当時として勇気が要ったことだろう。だからインパクトがあった。少年にも衝撃的に響いた。だからその見出しを覚えている。

それから一気に話が今日に飛ぶが、どうも日本のアパレル関係者はズボンの裾幅に無関心すぎる。バランスを考えると、例えば身長が一六五センチくらいなら裾幅は二四センチくらい、これが適正値だろう。

60年代のアイビー・ブームの頃、綿パンの幅は小さくなったのだが、当時のパイプ・ステムという発想は全体をストンと細くしてしまい、明治時代の人力車の車夫の穿くパッチのようになってしまっていた。

現在では女子のジーンズが、こういうウルトラ・スリムとして人気を博しているようだが、これはちょっと違うのである。物には程がある。

そして、ここからが重要だが、現在の量販店では、この辺りのサイズの妙にセンスを働かせ、美脚タイプというのを用意しているのだ。アパレル業界の普通名詞としてはテーパード・パンツが流布しているようだが、ここは美脚パンツの方を採る。だって聞こえが良いではないか。

その名の通りテーパードつまり、腰から太腿までをゆったりさせ、太腿から裾にかけてを、ややスリムにする。音楽用語だとデクレシェンド、ということになろうか。段々細くなっていくのだ。こうすることで、そう、ちょうど乗馬ズボンのように、あれほど極端ではないが、脚がすっきり見えるように仕立てているのだ。よく考えたものである。

腰からストンと裾まで、ほんの僅かのシェイプしかさせない昔の太い綿パンと美脚タイプを重ねて比べると、そのシェイプの具合の良さに、にんまりする。頭のいい人間は何処にもいる、と感心する。

つまり、お腹が少し出た、決して身長に恵まれたといえない、さらには定年を迎えた男たちに、こういうアイテムを用意して、喜ばせているのだ。そしてそれを量販店がやっているというのが、ミソである。だって、誂《あつら》えてこれをやるなら、だれも感心しないだろう。カネあるからなアイツ、で終わりである。

それにしても、美脚タイプとは泣かせるネーミングで、泣き所を知っているね。ちょっとシェイプの仕方とスタイルをいじっただけで、これまで綿パンに拒否反応を示していた連中を取り込もうというのだ、エライ。（ウールのもある）

男のスタイルの要諦はズボンにこそある、というテーゼに従うなら、以上に記した美脚タイプの登場は、まことに歓迎すべきことであろう。

ズボンに限らず衣類というものは、十分に着こんで身に馴染ませ、肌が覚えるまで着続けないと、その本領はわからない。身体との一体感を覚えるまで、着込む必要があるのだ。そこでは価格の多寡は問題でない。

これは、誂えた洋服が必ずしも身にフィットするとは限らないというのに繋がる。

何十年も決まった一軒のテーラーで、何着もこさえていても、それが完全に自分のものになっていると実感できる人は、実は少ないのだ。

それは、人が黙って立っているだけではなく、衣類をまとって動く存在だからである。

テーラーの人体に着せた時にはパーフェクトでも、それが左右上下に動いたら、バランスは崩れてしまう。何万回の動作に耐えて、本来のシェイプを保つ衣類こそ、完全なるものと呼ばれるべきで、これは、じっとしていてはわからないのである。

さらには相性というものの存在がある。

カンタンにダンディになってやろう、との考えで本書をお読みの方には実に申し訳ないのだが、着こなしの良否は衣類との相性を抜きにして考えられない。そしてそれは一朝一夕には叶えられない。どんなに詳しくセオリーを説いても、当該衣料と相性が良くなければ、着こなし上手とは呼んでもらえないのだ。

ただ相性を確かなものにする方法はある。

それは、とにかく様々なブランドやショップに当たり、買い込んで、着まくることである。そうすることで、自分に合ったブランドが見つかる。

で結局、消極的な意味でだが、皆さんこれを行っているのですね。最後はこれに落ち着いたよと、自分にふさわしいブランドを、熟年すなわちあなた方であるが、感慨を漏らす人がいるのがそれだ。幸せな人、と呼ぶべきであろう。

量販店の存在は、この考え方を進める上に、ひじょうに頼もしいものである。だって安いからね。そしてどこにでもある。これがもしも、名のあるメンズ・ショップで、あれもこれもと買い求めていたら結構な金額になるだろう。しかし量販店であれば、負担はかなり軽減される。

気長にのんびり、楽しみとして、ズボンやシャツを買い求める。月に一回か二回くらいの頻度で。こうやって、その着心地とサイズの良し悪しを確かめるのだ。

通常の、LやM、Sの表示だけでなく、細かなセンチ単位のサイズの違いを確認しながら、着比べる。あの店の82センチのズボンが、この店の82センチとは結構違っていたりするのを、こうやって確認する。裾幅が24センチでも、A店とB店ではこんなに違う、というようなことが、これで判明する。

量販店のセール向けの棚には、格安の、それこそ千円単位の値段のズボンを売っていたりするから、これは費用の面でも難しいことではあるまい。ちなみに裾の直し代は五百円くらいである。高いけど人件費だから仕方あるまい。これで食べている人もいるのだ。

それはとにかく、こうすることで、シェイプすなわちスタイルの微妙な違いもわかるし、なによりブランドによってズボンひとつでもこれほどの違いがあるのかと、実感できるだろう。穿き心地、腰回りのフィット感、陰部とズボンの接地点の具合、などである。

勿論ここでは奥方や、それに準じる女性たちの声も反映される。相手だってウチの人が格好良くなるためだもの、大いに手助けしてくれるに違いない。

着心地とフィット感が、ここでは最重要課題である。見た目はそれに付いてくる。そう考える。自分で積極的に着心地が良いと感じられる物は、見た目でも優っているのだ。実感とはそういうものである。そしてこれは自信に繋がる。

「マックイーンの場合」

スティーブ・マックイーンは一七五センチほどの、アメリカでは小柄に属するスターであった。「拳銃無宿」というテレビ・シリーズでデビューし、それを見たユル・ブリンナーによってジョン・スタージェス監督の「荒野の七人」一九六二年制作、に起用（抜擢と言うべきかもしれない）され、ブレイクし、スターになった。

デビューから、五〇歳という若さで亡くなるまで、その全行程を日本の我々団塊の世代はつぶさに見ている。

こういう俳優は実は少ない。

ゲーリー・クーパーとかケーリー・グラントなど、古いハリウッド・スターの最初の頃を我々は知らない。

比較的若い連中、例えばロバート・レッドフォードやロバート・デ・ニーロは、まだ生きている。

それはとにかく、マックイーンも出始めの頃はスタイルが良くなかった。（ホントかよ）さして脚が長くないし、体つきも、どちらかといえば貧弱であった。

デビュー当時の写真を「スクリーン」や「映画の友」といった映画ファン雑誌で我々は見ている。

だから記憶に焼き付いている。

同期といった存在の、丈高くがっしりしたクリント・イーストウッドと比べると、その差は一目瞭然。スティーブ・マックイーンは、良く言っても中肉中背、大負けにまけても、普通のスタイルの、ハリウッド・スターだったのである。

ところが中期以降、俄然スタイリッシュになる。「ブリット」がその変換点だった。

記憶だけで書くのではない。テレビのスター時代から「ブリット」の直前までを捉えた、ウィリアム・クラクストンによる写真集（洋書）で、それは現在明らかである。

彼の初期から中期に渡るその写真集を見ると、自分の肉体の何処が弱点で、どうすれば格好良く映るかを、マックイーンが真剣に考えていた様子が見て取れる。

「俺の脚は真っ直ぐだが決して長くない。写真は嘘をつかない。どうすりゃいいんだ」

で、弱点である細い腰の周りを筋肉で補強し、胸からストンと腰そして脚を、滑らかなラインで繋げたらどうかと考えた。

「腰が細いと、脚の長くないことが強調されてしまう。幸いに、細く真っ直ぐな脚だから、頑丈なボディに直結させることで、脚がそのままスラッと伸びているように見せることができそうだ」

で、そういう工夫、というか努力をしたのである。

今日のメンズ・ファッション界の位置づけで「ブリット」のマックイーンのスタイルは、文字通り教科書的な扱いとなっている。一九六八年制作。監督は英国から来たピーター・イエーツ。

これがパーフェクト、なのである。

そこには屈強なボディをトラディショナルな服装で包む、サン・フランシスコ警察の孤高な刑事のスタイリッシュな姿がある。

上記の欠点を大いにカバーして余りある、厚めのコートとツイードのジャケット。両者によって、よく鍛えた分厚いボディを強調する。すらりと伸びた（ように見える）脚は、チャッカー・ブーツでまとめた。

正に完璧で、これは今も十分通用する。夏は暑くて無理だけど。

さてここで我々がスティーブ・マックイーンに学ぶのは、その体型と衣料のマッチングのさせ方、折り合いのつけ方である。

誰もがケーリー・グラントのようなスタイルを有しているのではない。これは常識以前のこと。だが、なんとかそれに近づけたいのが人情であり、本音だ。本書の目的もそ

まさに現在でも十分通用するダンディファッション。映画「ブリット」より

こにある。そして年齢的には後期の高齢者に差し掛かった定年前後の男たち、それが対象だ。

であるならここは大いに積極的に、マックイーンが行った衣料と自己の体系との折り合いのつけ方を、学ぶべきだろう。

男の衣類の要諦はズボンにあると書いた。そして皆様各人各様に試行錯誤を行っている。そして最近は美脚タイプというものがあり、なんとか真っ当なスタイルに見せてくれそうだと知った。

だがそこには、タイトでない腰回りという厄介な問題が横たわっている。背広の時はカモフラージュしてくれていたものを、それ無しでどうカバーするか、問題はこれだ。

健康雑誌ではないから、いまさらエクササイズで腹を引っ込めろ、とは言えない。

だからそのためには体型をカバーするズボンの選び方と着こなしを、ここで説く必要がある。

そこでまず基本その一。

腰から脚に掛けてバランスを減らし、腰から上の比重を増すこと。マックイーンが行ったことと、その考えも、ここに集約される。上を重く、下を軽く、である。
実はここには目の錯覚というものがあって、上が重いと、下は軽く見えるのである。

そしてその二。

可能な限り脚を真っ直ぐに見せる。これには美脚モデルが有効であると説いた。その上で裾幅を少なめにして、靴に繋ぐ。

マックイーンが「ブリット」でチャッカブーツを履いたのが、ここで意味を持ってくる。裾幅を小さく見せる為には、靴が相対的に大きくなればいいからである。

これも目の錯覚。小さなフットウェアよりも大きめのブーツの方が、その効果は明瞭である。

がっしりした上体に、腰から下は目立たないようにまとめ、足元を強調する。このことで、その効果を上げる。

「チャールトン・ヘストンのジーンズ」

ジーンズ、ジーパン、どちらでもいいのだが、今や世界的な衣料と呼んでいい。因みに世界のアパレル業界で最高の売り上げを誇るのはリーバイス・ストラウス社、そうリーバイスの会社だとされている。もっとも現時点ではラルフ・ローレンかもしれない。

それはとにかくリーバイスを始めとするジーンズ各社の製品は全世界を席巻し、地球規模の衣料として定着した。リーバイスの名品#501は、ジッパー開閉ではなくボタン・フロントの前世紀的アイテムだが、ニューヨーク近代美術館の永久保存品となっている。

ジーンズの存在感で有名なのは「大いなる西部」という一九五八年制作の西部劇。監督はウィリアム・ワイラーで、グレゴリー・ペックとチャールトン・ヘストンが出演した。

ここでは東部から来たペックと、牧童頭のヘストンが拮抗する。粗末な小屋に寝起きするヘストンが朝起きるとき、寝る前に吊るしておいたジーンズを、バリバリという音をさせて穿くのだ。

いまだに語り草になっているのが、この時のバリバリという音。ジーンズは干しておくと、次に穿く時、こういう音を立てるというのを、当時まだジーンズに触れたことのなかった少年は、覚えたのである。

ま、こういうことを挙げても意味がないのだが、定年世代にとってジーンズは敵か味方か、我々と折り合えるのか、どうかである。

答えはイエスで、これには相性の問題が絡んでくる。つまりメーカーや型番によって体型にフィットするしないが、生じるのだ。

これは仕方がないことで、それはジーンズが体型をかなり忠実にトレースするアイテムだから。欠点を覆い隠してくれる他のアイテムとの最大の違いがここにある。

すなわちカッコ良い人の体型は益々カッコ良く、そうでない人の体型は欠点が無残に強調され、カタチに表れてしまうのだ。

それでは定年世代には無理ではないかと思うのは当然だが、ここに味方であるとして登場させるのは、それ相当の理由がある。すなわち、丹念に探せば、似合うブランドと型式が見つかるのである。

男性ファッション誌は年に何度かはジーンズの特集を行う。型式が決まっているのだから、しょっちゅう紹介されても意味がなさそうに思えるが、そうではないのだ。体型別に似合うアイテム、フィットする型式やメーカーが、かなり広範囲に存在するからである。

つまりは、定年世代にもなんとか似合うジーンズが、そこには有りそうなのである。

それに絡んで来るのが例の相性というやつ。言うところのワイド・セレクションである。

面白いもので、(基本的には)量販店ではジーンズは扱わない。これって不思議ですね。いわゆる上着やシャツ、ズボンを扱う量販店は、ジーンズ・ショップとの住み分けが行われている。これはまことに興味深いことであるが、事実だ。

例えばスーパーの店内に、衣料品コーナーとして紳士物を扱う店があっても、ジーンズ・ショップはそれらとは別に、独立して存在する。イトー・ヨーカドーでもダイエーでも、両者は分かれている。

これは、アイテムとしてその性格の差異を考えると、まことに暗示的で、ジーンズはだから衣料品ではなく、ジーンズという別の代物であると考えている。

そう、ジーンズはジーンズという、一種の道具と考えた方がいい。だからサイズの測り方も異なるし、裾の上げ方も違う。つまりはジーンズという、衣料品に良く似た代物であると、いうことなのだ。

ジーンズの世界には多くのメーカーやブランドが存在し、それぞれにサイズやシェイプを揃えている。我々は店員に確かめながら体型とサイズを告げ、当該アイテムをチョイスしてもらう。そこには衣料品の色やカタチを見比べながら楽しく選ぶ、というプロセスは存在しない。なにしろ色はブルーと、赤、白、黒しかないのだから。これとてブランドによっては揃わないところもある。

サイズは今もインチ刻みで、普通の衣料品のようなセンチによる表示はない。勿論L・M・Sといった区分けもない。試着してサイズが合えば、その場で裾を合わせてもらい、出来上がる。これで一丁上がりである。

店員は客の体型やサイズで、経験的に似合うものとそうでないものを選り分けられることになっている。そうでない場合は、自分でそれを行う羽目になるが、上記のようにジーンズしか売っていないのだから、まず殆どの場合店員は、在庫アイテムの性格と傾向には精通している。

そして、ウチのアイテムではお客さんにフィットするのはこれだが、よそにはまた異なるサイズやスタイルがあるということも、教えてくれる。エライものである。衣料品店というよりホーム・センターに近いノリ、それがジーンズ・ショップである。

定年世代にとってジーンズ・ショップは、だから苦手な範疇に入るだろう。ちょっとファスト・フード店にも似ている。だが、これはアメリカの軍隊の補給廠に則ったものだと理解すれば合点がいく。そうなのだ、大量の商品を大量の顧客に配する時のノウハウ。これはアメリカの軍隊式やり方が最も効率的なのである。ジーンズはだから、軍隊における銃とか携行食料と同じ次元にある。

こういうシステムというか思考に支えられていることを理解して、我々はジーンズ・ショップと向き合わなくてはならない。だが安心されたい。ジーンズなんて、そんなに大したものではない。自分に合わないと思えば、付き合わなければよいのだ。ジーンズがなくてもオジサンたちは十分生きていけるのだ。

（基本的に）量販店でジーンズは扱わないのだが、ジーンズ素材、もしくはそれに類似したデニムっぽい木綿素材のパンツを、おずおずといった感じで、店の隅に並べている処はある。イージー・パンツと呼ぶ、一種ジャージ感覚のズボンで、例えばコンビニ店には行けても、これで銀座は歩けない、という代物だ。

ジャージのパンツは、これはもう勝手にしてよ、という存在だが、定年世代には、いやそうなる遥かに前から、お馴染かもしれない。便利だからである。そうなのだ、これは抵抗しにくいアイテムなのである。（後述）

基本的には、せいぜいパジャマ代わり位に扱って、外へは出て行かないようにする、というのが定年ダンディの心意気だろう。しかし、人間は易きに流れる性向を持つ。悪貨は良貨を駆逐するのだ。歴史的に見ればジーンズだって一種の労働着の扱いで、アカデミズムを標榜する大学では着用を許さぬ、などと声を張り上げる向きも、過去にはあったのだ。「世の中は　三日見ぬ間の　櫻花かな」である。

SECTION2

シャツの着こなし術

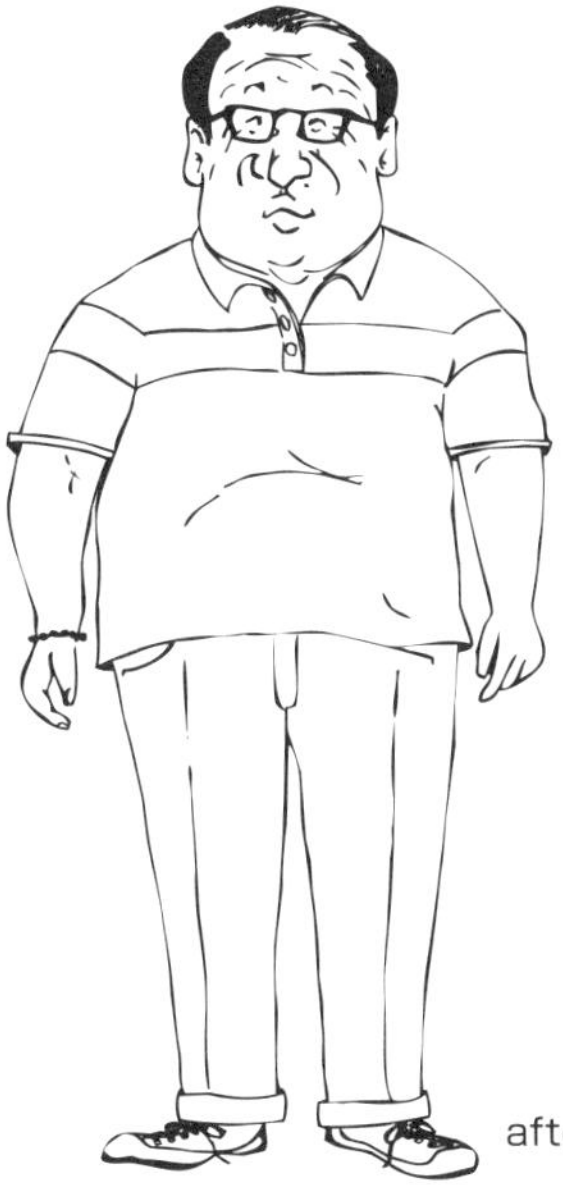

シャツで目立つのは襟である。柄がどうであれ、色が白であろうとなかろうと、襟はいちばん目立つ。で、昨今はもうボタン・ダウン・シャツと相場が決まっている。

理由は簡単。西欧人のように顔に起伏がない日本人の顔を引き立ててくれるから。日本人の顔は平板である。バラエティ番組で、お笑い芸人が西洋人に扮する時、極端なツケ鼻をするのも、日本人と比べて彼らが中高で鼻がツンと高いことを知っているからである。

日本人は鼻が低い。だからそこに陰影を付けるため、ボタン・ダウンの立った襟は、まことに相応しいのだ。これは百万の味方を得たようなもの、と言ってよい。

それがなければ、あれほどボタン・ダウン・シャツが日本中を席巻することはなかっただろう。クール・ビズのシャツ姿が、曲がりなりにも成立し、見られるものになったのも、ボタン・ダウン・シャツの力である。

ボタン・ダウンの立てた襟によって、顔が少し引っ込んで見えることも、この襟の美点の一つだ。襟が首より前に出ているからである。これで相対的に、顔が後ろに引くことになる。

小柄で、比較的顔の大きな日本人には、普通より顔を引っ込ませる効果のあるボタン・ダウンの襟はまことに重宝なのである。

オジサンたちも、若い女性が小顔すなわち顔が小さく見えることに心を砕いているのを、知っているだろう。顔を小さく見せるのは老若男女を問わず、日本人の悲願と言ってよい。だから全体のバランスを五頭身から六頭身くらいにしてくれるボタン・ダウン・シャツがオール・ジャパンで普及したのである。老若男女を問わず、日本人の誰もがボタン・ダウン・シャツを着るようになったのは、この理由による。

アメリカの35代大統領ジョン・F・ケネディはボストンの生まれでハーバード大学の出身だった。すなわちアイビー・リーガーである。当然ボタン・ダウン・シャツを愛用していたはずだ。おそらくはブルックス・ブラザーズあたりのボタン・ダウン・シャツが、彼のワードローブには積まれていたに違いない。

しかし60年前、ケネディは大統領選挙に臨み、報道陣に対し、ボタン付きのシャツ着用の写真を撮ってはならない、と命じたのである。ゼッタイに撮らせなかった。

何故か。

それはボタン・ダウン・シャツが東部のエリートの象徴、と映ることを警戒したからである。今日ではそういう発想は相当薄れている。だがそれでも、アメリカの南部や中西部のいわゆる保守的な土地には、東部のエスタブリッシュメントがこの国を牛耳っている、という恨みが根強い。プア・ホワイトと呼ばれる白人の貧困層の、東部の富裕層に対する敵愾心は、構造的で根深いものであるだけに、恐らく永遠に消えないだろう。

「俺たちがお人好しだから、東部のずる賢い連中に騙されてしまった」。

根強い被害者意識である。

東部を目の仇にするこれらの人々にとり、白いボタン・ダウン・シャツは憎むべきヤンキーの象徴だった。ケネディはそれを察知し、決してこれを人前では着用しないし、もし着ても絶対に写させないようマスコミに厳命したのである。

たった一つのシャツにも、こういう意味合いがある。幸いに我々の住む日本にはボタン・ダウン・シャツに対する無用のストレスはない。

ちなみに現在のトランプ大統領も決してボタン・ダウン・シャツを着ない。理由はもう書くまでもあるまい。

それはそれとして、ボタン・ダウン・シャツの普及と一般化は、一方でカフス・ボタンの存在を希薄なものにしてしまった。カフスすなわち袖をダブルにし金属や布製のボタンで留める方式のシャツにボタン・ダウンは合わないからである。

仮に、敢えて行っても、誰からも文句は出ないだろうが、さながらポロ・シャツにネクタイを締めているような塩梅になってしまう。不思議だが、本当だ。これはつまりボタン・ダウン・シャツが純粋な意味で、ドレッシーとかフォーマルの範疇に入っていないことを意味する。ディナー・ジャケットすなわちタキシードにボタン・ダウン・シャツが合わないのも同じ理由だ。

「袖口にも色気がある」

女性たちが男の何処に色気を感じるか、などというアンケートを、サラリーマン向けの週刊誌が行うことがある。丸の内のＯＬ百人に聞きました、とかいうあれである。

多くの答えが、意外なことに、男たちの想像していない処に集中しているのを知る。例えばズボンの先の、靴と靴下が見えるあたりがセクシーだとか、ズバリ仕事中に上着を脱いでシャツとネクタイになった時が最高、といった具合である。そうなの、知らなかった。オンナたちの考えることは、いつもオトコたちの意表を突く。

例えば手首とシャツの袖の辺り、なんていうのもある。カフス・ボタンであろうと普通のボタン止めであろうと、男の手首がシャツからニュッと出ているのが、彼女たちの心を騒がせるらしい。スッポンの鎌首の連想ではないが、そこまで想像を逞しくさせなくても、要するに体の中で衣服の外に出ている部分との境界に、隠れたものの露出のインパクトを感じ、ときめいたりするのであろう。

男だって、これは同じだ。隠された部分を、露出したところから遡って想像するのだ。それはとにかく、手首とシャツの袖口と言うのは目立つ部位であることは確か。だから袖がほつれていたり、汚れていたりしたら、それはもうそれだけで失格である。イニシアルを袖口に刺繍されていたりするのも、あまり歓迎されない。これはビジネス・シーンの方に多いのだが。同様に胸のポケットや、二の腕のツベルクリンの辺りにアルファベットを刺繍するのも、ちょっとね、である。

要するに普通が宜しい。

また広い世間には、シャツにはポケットのない方が本格的、とする向きがある。だが、これは行き過ぎだろう。市販されているシャツで胸にポケットのない仕様は、まず皆無である。無理を言ってはいけない。第一、胸ポケットが無かったら煙草は何処に仕舞うのだ。

更には袖丈の問題がある。これはデザイン的に様々な仕上げ方があり、短か過ぎない程度にパッツンパッツンが上等と言うのと、ゆったりとブラウンジングするようなのが男らしい、という二説がある。重要なのは寸足らずでないことで、つまりはサイズが合っていることが肝要。首回り39センチで、袖丈が80センチと84センチとあれば、それは着る人のサイズに拠る。84センチの人が80センチの袖丈では短すぎる。

ジャスト・サイズを選ぶべきだが、ここでショップやブランドのサイズ設定が問題になる。自分のサイズと、ブランドが想定しているサイズの折り合いをつけることが大切だ。袖丈84センチの人が80センチのシャツを着用しても短く見えない場合もあれば、80センチの人が袖丈84センチのを着てしまうと、ダブダブに見えてしまうこともある。ショップやブランドの、一種のクセを見抜いて、付き合うべきなのだ。

だから、これは誂えたように俺にピッタリだと思うようなのに街で出会ったら、次の日に電車賃を使ってでも、残り全部を買い占めてしまうようなことも起こる。一枚一万も二万もしたら、これは大変だが、セール価格で二千円とかだったら、充分その価値はある。これからどれだけ生きられるかわからないが、シャツはコートと違って消耗品だからね。

何度でも書くが、お洒落であるということ、ダンディを目指すというのは、畢竟サイズの合ったものを身にまとうことなのだ。

また袖口はボタンを留めずに折り曲げての着用も可能だ。ビジネスではないのだから、なんでもあり、なのである。目の錯覚で、折り曲げて所謂袖まくりをすることで腕の長さを強調したり、目立たなくさせたりできる。衣服と言うのは道具の一種だから、文字通り使い方ひとつなのだ。

ところで、近年はシャツの素材も進化し、木綿を主体にしながらポリエステルやリネン（麻）をミックスし、独特の風合いと取扱いの容易さを向上させたものが出回るようになった。以前ならクリーニング屋に出すしかなかったものが、柔軟剤の使用など新たな技術を加えることで、平気で自宅の洗濯機で洗えるようになったのだ。あまり世間は騒がないが、これは凄いことである。

サラリーマン家庭が日本の主体となり、世の中を動かしていくことになった証拠であろう。そしてそういう時代をけん引していた世代の次の連中が、今や定年を迎えるのである。

ちなみに戦前は、圧倒的に農業従事者が労働人口を占めていた。それが戦後は高度経済成長の結果サラリーマン世帯がメインとなる。働き手は白い木綿のシャツを着て、ネクタイ締めて、背広で会社に行くのである。奥さんたちはせっせと亭主のシャツにアイロンをかけ、少し余裕が出来ると専門のクリーニング屋に任せることになる。

それが今日ではすっかり様変わりしてしまった。ノー・アイロンが普通になったのだ。だからクリーニング屋さんはチェーン化し、往時の何分の一というような料金で、注文を受けるようになっている。こういうところで世の中は進化しているのだと知る。

量販店のシャツは、その顧客のクラスからしても、自宅で洗って乾かせば、そのまま着られるというメリットを持つことが必須である。このことも、もう今では当たり前のようになってしまった。

定年世代も、こういう世の中に順応していくしかない。結果として、背広を着ていた時には無理してでもクリーニング屋に出していたシャツを、これからは自宅で洗って、堂々と着られるのである。ビニールを破って、洗濯屋から届いたシャツに手を通す時の気分の良さ。あれは一種独特のものであったが、今ではもう過去のものとなってしまったのである。

「定番ポロ・シャツの本格」

ここで余談だが、ボタン・ダウン・シャツの生みの親であるブルックス・ブラザーズでは、このシャツをボタン・ダウンとは呼ばない、という事実を記しておく。

そもそもこのボタン・ダウン・シャツはポロ競技の際、襟がヒラヒラしてプレーヤーの頬を打つことを防ぐために、創業者ヘンリー・サンズ・ブルックの孫のジョン・ブルックスの代に、商品化された。20世紀に入ってのことだ。襟先をボタンで留めてヒラヒラを防いだのだ。だからブルックス・ブラザーズでは、これをポロ・カラー・シャツと呼ぶ。

ポロ競技用のシャツ、という意味だ。

アイビー・ルックの総本山ブルックスでは、だからボタン・ダウン・シャツの名ではカタログに載っていない。すべてポロ・カラーと表記してある。

では言うところのポロ・シャツは、どう呼んでいるのか。それは簡単、ゴルフ・シャツ、もしくはクラシック・ゴルフである。これはブルックス・ブラザーズが日本に上陸する際、責任者だった人から教えてもらった。

あの「ゴッドファーザー」と「地獄の黙示録」の二本によって、一種神懸かり的存在になってしまったマーロン・ブランド。で、こういう人のファッションは一種独特だ。しかしそれでも人間である、毎日何か着る必要がある。だから、ちゃんとフツーのアイテムを着こなしている写真が残っている。その一つがポロ・シャツ姿で、見た時には、そりゃーブランドだってポロ・シャツくらい着るわな、と思ったものである。

黒い半袖ポロ・シャツのブランドはすぐ判った。ワニ・マークの例のラコステである。アメリカ人にとってごく普通のブランドであり、ポロ・シャツの代名詞のような存在だ。

ご存知のようにこれは、フランスの伝説的なテニス・プレーヤー、ルネ・ラコステに由来する。だから元々はフレンチ・ブランド。だがアメリカでは輸入元アイゾット社の名前を取ってアイゾット・ラコステ、略してアイゾットと呼ばれる。海外のニュースやファッション雑誌のポロ・シャツ写真で、胸にブランドのマーク入りの場合、まず八割方が、このラコステだ。

日本で輸入ブランドのポロ・シャツでステイタスを得たのは、まずペンギンのマンシングであった。続いて日傘のアーノルド・パーマー、そして豹のゲーリー・プレーヤー、熊のジャック・ニクワウス、といった辺りが、洒落者たちのお気に入りだった。ラコステは本邦においては後発であった。

遅いデビューであったが以後メキメキと地歩を固め、ついにはトップ・ブランドに昇りつめる。正確な占有率は知らぬが、イメージ的にはラコステこそがナンバー・ワンという感じがある。

ここまでサスセスしたのは情報誌ポパイが強力に後押ししたからで、アメ横の一部受けの存在だったラコステが、ポパイの記事によってトップに躍り出る。35年ほど前のことだ。まことに凄まじい勢いであった。

で、ここに来てのポロ・シャツにおけるメイン・ストリームはどうであるか、これは簡単、ノー・ネームが主流なのだ。

つまり現在はブランドを云々する必要はない、ということ。

良い時代ではないかと思う。だって、どこのブランドでも構わなければ、安い、手に入れ易いのを、勝手に選べばいいのだから。

注意して道行く人を見てほしい。今でもブランドのポロ・シャツを着ている人はいるけど、少なくなったことに気付くだろう。殆どが無名すなわちノー・ネームである。皆さん、それで平気だ。むしろマークがついている方が、古臭いマイナーなイメージになってしまっている。面白いものですね。

安いものならワン・コインつまり五百円以下で買える。量販店で、セールの商品であれば、これが可能なのだ。こういう場面に遭遇したら、充分サイズを確かめた上で、10枚くらい買うことを勧める。昔だと、縮んでしまったり、洗うとグチャグチャになったりということがありました。しかし、今日はまずそういうことはない。それをやると自分の首を絞めることになると、お店もメーカーも知っているからだ。

10枚買ったら、これでもう死ぬまでポロ・シャツは買わなくてもいいんだ、と思うだろう。色は、やはりバラバラが良い。同じ色で10枚だと、いつも同じのを着ていると早合点されてしまうからだ。本当は同じ色に徹した方がお洒落だが、世の中、そういうお洒落な人ばかりではないからね。

それもこれも、妙なブランド・ロゴがくっついていないから、成立するのである。Tシャツがそうだが、余計な絵柄やマークが描かれていると、着る気がなくなってしまう。せいぜいパジャマとして使うくらいが関の山。その意味で昨今の風潮つまりポロ・シャツにロゴ・マークを付けない行き方は、消費者にとってまことに好都合なのである。

まだ、そんなの着ているのオジサン、と言われるのも、余計なものがくっついているから。定年世代にとり、ブランド・マークは無用であり、有害ですらあると思うべし。

「ポロ・シャツの着こなし」

肝心の着こなしであるが、かつては腕の細い人にポロ・シャツは似合わない、というルールを唱える向きがあった。だが定年オジサンには腕の太い人もいれば、細いのもいる。似合う・似合わないで言うなら、確かに太い腕の方がポロ・シャツ向きである。しかしそんなに気にすることもないだろう。イタリア男たちは、黒いポロ・シャツに軽い麻のジャケットを羽織ったりするが、腕の太さを感じる男ばかりではない。要は着こなしの問題。洒落た感じを出しているかどうかが重要なのであって、腕の太さではないのだ。

それからこれは昨今の傾向だが、ポロ・シャツの裾をズボンの外に出す着方がある。セオリーからすれば邪道だが、これはこれで一つの着方だ。いやむしろ、お腹に真っ直ぐベルトのラインを見せる従来の方法より、定年世代にはカモフラージュとなって有効と、勧められる。ほんわりと腰のラインを誤魔化してくれるからだ。〔**教え、その2**〕

ただ、キリッと見せたい向きには、これはややいい加減な感じに映る。ダラシナイと。だから生真面目な俺には駄目なんだ、という人もいるだろう。

柄に関しては、ボーダーと呼ばれる横縞のセーラー風の柄がある。スッキリ見せたい時にはちょっとクドい感じがあるが、品の良い、おぼっちゃん風の着こなしに映ることもある。キャラクターの問題である。圧倒的にモノ・トーンが主流だから、目立たせたい人にはいいかもしれない。なにしろ安いアイテムで、ごっそり所有するのが可能だから、色々揃えておけばいい。もっとも柄が複雑になると、鬱陶しい感じになるので、その点だけは注意が肝要。

「英国王のタッターソール」

日本だと弁慶縞とか弁慶格子というのが有名だが、これは実際に弁慶が愛用していた訳ではなく、歌舞伎の「勧進帳」で、おそらく、何代目かの市川團十郎が取り入れたのが最初だろう。なにしろ武蔵坊弁慶は八〇〇年も前の人だからね。

これが英国へ行くとタッターソールという格子縞が有名である。弁慶縞とタッターソール、両者は相通じるところがある。タッターソールはマドラス・チェックほど一般的ではないが、見ればあれかと、うなずく人が多いはずである。

このタッターソール、ロンドンで馬市のあった場所の名前が、その由来という。多分御者とか馬子が、こういう格子のベスト、チョッキですね、を着ていたのであろう。

そういう労働者階級の出自を持つ格子にしてはタッターソール、実にエレガントで、品が宜しい。英国ならでは、である。日本では乗馬格子と呼ぶのも、この出自のため。正確には馬子格子、ではあるが。

タッターソール柄のシャツの生地としてはビエラという素材がよく知られており、この格子柄を用いる。

ビエラとは聞きなれない向きもあろうが、しっとりと柔らかい、肌触り格別上等の、しなやかな生地である。主にシャツ素材として用いられる。

縦糸がメリノ・ウールすなわち高品質の羊毛で、それを補強するため横糸には丈夫で毛足の長い綿糸が使われ、織り上がる。手のかかった素材で、それだけに高価である。聞くだけでも、柔らかな肌触りが彷彿されるのではないか。その割合は55対45というから、ウールのキャラの方が立っている。ここが独特のソフトな風合いの要因だろう。

白地に緑や茶の色合いを施し、ダンディな模様を形成するタッターソール。ブルー・ブレザーに着込むシャツの柄としてはマドラス・チェックより穏やかで、かつ品が良い。

さらにマドラスと決定的に違うのは、こっちはネクタイが結べる、というところ。ニット・タイやウールのタイなど、カジュアルなアイテムがお似合いだ。つまりカジュアル・ダンディといった気分が、タッターソールのシャツには漂うのである。

同じ格子柄でも、普通の木綿のドレス・シャツの格子とは、素材の点からしても大きくかけ離れており、そこには高級感が読み取れる。上着には、ブルー・ブレザーでなければ、ツイードのざっくりしたジャケットもマッチングが宜しい。

英国の風土、つまり夏でも時にセーターが欲しくなるという高緯度の土地柄に、こういう素材はつとに折り合いが良いのである。矢張り衣料は風土とは切り離して考えられないのだ。しかし日本でも、真夏以外ならオール・パーポス、すなわち万能の素材と言える。フラノじゃないんだから。

シャツ生地として知られるが、例えばこれでベストをこさえ、ブルー・ブレザーとシャツの間に着込む、というのなんか洒落ている。フランク・シナトラなんかが、よくこういう格好でビリヤードなんかをやっていた。勿論ソフト帽子を被ってね。競馬場の貴賓室、なんかにも大いに似合いそうだ。タッターソールという生地の風合いに、どこか洒落た、くだけた、それでいて粋な感じが漂うから、こういう着こなしができたのだろう。

タッターソールのシャツはツィードとスゴク相性がいい

すなわち定年ダンディの楽しみとは、ビジネス・ユースばかりに目が行っていた時代と大きく隔たった自由な素材選び、これが可能であること。なんだって好きなものが着られる、という点だ。

良い例がニット・タイで、ビジネスにはまず不向きとされたニット・タイだが、定年になれば自由に、勝手に、気ままに締めることが出来る。タッターソールもその口で、会社には着て行き難かった素材だが、定年になったら実に勝手に好きな時に、着ることが出来る。まことに仕事人間というのは、まるで馬車馬のように前ばかり向かされ、周囲に目が行かない人種だった、ということに気付くのであります。

英国の特産品であるスパイ・スリラーには度々登場し、意外にビジネス・シーンでも通用することを教えてくれる。そう、アレック・ギネスとか、昨今ではコリン・ファースといったクセのある演技者たちが、着こなしている。「英国王のスピーチ」でジョージ六世に扮したコリン・ファース、これを着用に及んでいたような気もする。出自が馬子に求められる素材を王様が着てしまうのも、乗馬の国イギリスならでは、だろう。

「モンティ・クリフトのアロハシャツ」

もうすっかり過去の人となったモンティ・クリフト。モンゴメリー・クリフトとも呼ばれていたこの男、アロハシャツで一世を風靡した。60年以上昔の話である。映画は「地上より永遠に」。これは「ここよりとわに」と読んでほしい。

なにしろトム・クルーズをもっとノーブルにしたようなモンティ・クリフトである。何を着ても似合うのだが、こういう大衆的な下世話なアイテムが、一つのキャラクターを形成していた。さらには、ボクサーであると同時にトランペットの名手、という設定にもなっていた。ボクシングとトランペットである。どちらも、どこかに哀感漂う設定だ。これでもか、というキャラがここでのモンティには被せてあったのだ、ペナペナのアロハ姿が似合うのは当然である。

薄幸という表現は一人前の男には普通使わないのだが、ここでのアロハ姿のモンティ・クリフトにはぴったりだった。ちなみにあのエリザベス・テーラーは生涯この美男俳優を想い続けていた、とされる。まさに美男美女である。

それはとにかく邦人では、安倍譲二が割にアロハ姿を見せていた。ボクシングのセコンドみたいな体格によく似合っていた。

となると誰にも似合いそうなアイテムのようだが、決してそうではない。同じ定年世代でも、銀行員タイプには難しい。どこかちょっと崩れた感じが欲しいのである。映画「狂った果実」の石原裕次郎が似合っていたのも、湘南のあんちゃん、という遊び人の感じが漂っていたからで、共演の長門裕之にはそれがなくて、いま一つだった。モンティもエレガントでありながら、この作品では何処かにボクサー崩れ、という気分があったからこそ、似合ったのである。難しいものである。

コットンもあるが、素材としてはレーヨンなど化繊のヨレヨレした、くたびれた感じが、この下世話なアイテムに圧倒的に似合う。

量販店でも、夏が近づくと大量に揃えて、安価に売り出す。だから、ちょうど季節の果物、さようスイカですね、スイカを買うような気分で揃える。

一方でビンテージのアロハシャツという代物もあるが、なんだかタイメックス（時計）

銀行員タイプのまじめな人には似合わない。少しくずれた人にお似合いだ。

の中古みたいな感じがする。つまり、タイメックスは何処まで行ってもタイメックスだろう、ということだ。アロハシャツなんぞは大量生産の大量消費アイテムとして、使い捨てで充分なのではあるまいか。数十万円もするアロハなんて、気持ち悪い。

「クリント・イーストウッドのダンガリー」

団塊世代の、つまり定年に掛かったオジサンたちの定番シャツはこれだろうと、評価が固まりつつあるのが、ダンガリーのシャツだ。

そもそもはアメリカ海軍の水兵さんのシャツとして広まった。日本で手に入るのは、だから放出品だったことになる。かつて我が先達は、セーラーたちで溢れる横須賀はドブ板通りで発見し、他に先駆けてこれを手に入れていたのだ。後にアメ横でも売られるようになるが、つまりはそういう進駐軍御用達の、日本人には稀少だが結構手に入れやすい気楽なアイテム、それがダンガリーのシャツだったのである。

今ではそういう出自は忘れ去られ、ブルーの落ち着いた色目が特徴の、男性っぽいシャツ、として広く支持されている。ワーク・シャツというジャンルの代表選手だ。この、大工道具にも共通するワーキング・アイテムと言うのが、定年世代には心地よく響くのですね。かつて工作好き少年だった血が騒ぐのでしょうか。

クリント・イーストウッドが「グランド・トリノ」（二〇一〇年制作）で着ていたのが、これだ。「ミリオン・ダラー・ベイビー」（一九九五年制作）でも、着ていたかもしれない。アメリカではまずもってアーミー／ネービー・サープラス、すなわち放出品の店で、豊かでない層が安く手に入れる、という感じのアイテムである。だから、限られた生活費で老後を地味に過ごす高齢者、という設定の「グランド・トリノ」（二〇一〇年）では、まことに相応しかった。ちなみにこれも「ミリオン・ダラー・ベイビー」も、共にイーストウッドは自分で監督し、主演し、どちらも高い評価を得た。

ダンガリーはインド原産のデニムの一種だ。経糸はさらし糸、もしくは未ざらしの糸を使い、横糸には染めた糸を用いて織られる。ごくお手軽な木綿生地である。これをさっさと大量生産でシャツに仕立てる。素材も縫製も粗っぽいから、安く上がる。

同じようにこさえられる、そのものズバリのデニム地のシャツもあるが、こちらはラルフ・ローレンとか高級ブランドの店先に並ぶことが多いので、いずれも至って高価である。だからネクタイをしてブルー・ブレザーの下に着込んだりする。

定年世代にはそういう有名ブランドのデニムのシャツより、安価な、普通のジーンズ・ショップに並ぶようなダンガリーのシャツがお勧めだ。第一こういうシャツにわざわざネクタイをするという感覚が、ちとクサイ。

真っ白なTシャツの上にブルーのダンガリーのシャツを着て、ズボンはデニムのジーンズではなく、生成《きなり》の綿パンでまとめる。クリント・イーストウッドを気取るのだ。ブルー・ブレザーは着てもいいけど、ネクタイは結ばない。

ちなみにクリント・イーストウッドはダンディでも何でもないが、その190センチ近い身長が、何を着ても堂々とした感じを与える。ダンディっぽくないダンディの最右翼に挙げられる男である。大仰なオールバックのヘア・スタイルは好みの分かれるところだが、60年以上これでやってきたのだから、他人が何を言っても無駄である。

どうでもいいことだがテレビ・シリーズ「ローハイド」でロディ・イェーツの声を吹き替えていた日本の声優（山田某）はとっくに亡くなってしまったのに、イーストウッド

タンガリーのシャツには綿パンが一番似合うかも

本人は未だにご存命である。凄いことだ。

SECTION3
量販店を味方にする

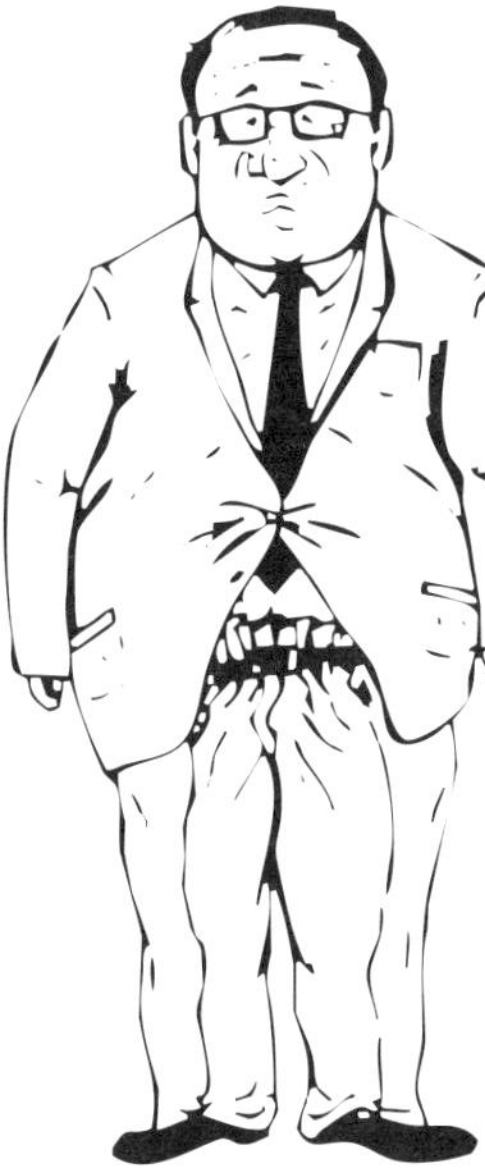

古来日本人は、服はそれを着る人に合わせるのではなく、人間の方が服に合わせる、というセオリーで来た民族である。長年これが続いたのだ。軍隊でも、軍服、それに靴は、多少のサイズの不都合は各自で解消せよ、というのが日本の軍隊の方針だった。

理由は簡単。長年、和服というワン・サイズ・フィッツ・オールつまりフリー・サイズの衣料に慣れ親しんできたからだ。着物にL・M・Sなどありません。着る時の技術でもって、丈などは調節する。お相撲さんとかは、別だけどね。

これが千年以上も続いたことで日本人の習い性となり、着るものの多少の不都合は、着る側が各自調整せよという、まことに不思議な発想が主流になってしまった。そして驚くべきことに、これは今も生きておるのですね。多少のサイズの齟齬は問題にするな、それは男らしくない、と。おいおい、である。

旧弊とはまさにこれで、だから我々はこういう風潮を打破しなくてはならぬ。人は平等に、自分のサイズに応じた衣料を身に着ける権利が、保障されなければならないと。

至極当然だが、実際にこれを実行するには豊富なサイズ揃えと、商品自体の大量在庫を要求することになる。だからデパートなどでも、かなり売れ線の商品でないと、これを叶えることはできなかったのである。要するに大変なことなのだ。

ここまで書けば、これから導き出される結論とその実際は予想できるだろう。さよう、こういう細かくサイズを分けて商品構成を行えるのは、今日言う量販店しかないのである。逆に言うなら、量販店によって日本人は初めて、自分に納得のいくサイズの衣料を選ぶことが出来るようになったのである。ただ、一八〇センチ以上の大きな人のサイズが量販店にはないのが玉にキズ。

ところで、量販店や、かつての「安売りスーツ」の店に出会う前、初めて豊富なサイズの店に出会ったのは三五年ほど前で、場所はニューヨーク、店の名前はバーニーズであった。あのバーニーズだ。

雑誌の取材で訪れていた知り合いと偶然遭遇し、バーニーズの名前を教わった。なにしろ凄い品揃えで、彼はきっと探しているものが見つかるよ、と笑った。

で、出向いたのが、当時まだ開店して間もないセブンス・アベニューのバーニーズ。一歩入ると確かに大した品揃えである。

ズラリと並んだジャケット売り場は壮観で、これだけの在庫を抱えるのは大変だろうと、余計なことを考えたのを覚えている。

こんなに量が多いということは、価格もそう張らないだろうと、少し安心する。

これならきっとあるかなと、淡い望みを抱く。

だが自分のような日本人の中でも、半端で厳しいボディに合うアイテムがあろうはずがない、といじけてしまう。

見渡すと、広い売り場には所どころにポツン・ポツンと売り子が立っていて、これが全員おっさん。こちらは三〇代前半だから、恐らくは五〇代前後の彼らは、若造には凄いおっさんに見えた。迫力がある。恐る恐る自分の好みと、サイズは見たとおり、と告げる。

すると、間髪を入れず、すっとパイプに吊るされた中から商品を一着抜き出し、これでどうだ、と言うのである。

そんなにカンタンなものかね、と半信半疑で受け取り、袖に手を入れる。

するとどうでしょう。あら不思議、まるで嘘のようにピッタリではないか。それまで日本で買ったどんなジャケットより、収まりがいい。

これには笑ってしまった。いままで我慢して、洋服に合わせてきていた自分。あれは一体何だったんだろう。

さっさと勘定を済ませ、行こうとすると、また来てね、と日本語で言われた。あっけにとられていると、ウインクされた。

彼らは歩合制。基本給はあるが低く抑えられ、売った分の歩合が加算され、本給となる。だから売れば売るほど稼ぎになる寸法だ。

当然真剣で、だから豊富な商品知識とサイズの揃い具合をしっかり把握し、同僚たちと切磋琢磨することになる。こうしてしのぎを削り、客の様々な要請に対応することで、売り上げを伸ばすのである。大変だよな。

それはとにかく、以下のことに思い至った。

サイズに不自由している日本人が来ると、かならずその希望する商品が、ここでは見つかる。結果大いに嬉しがる。その嬉しげな表情を、彼らはしょっちゅう見ているのだ。

開店間もなくても口コミで、評判は広がっている。ウインクはそういう意味だろう。

うーん。彼我の物量の違いを大いに知らされた。戦争に負けるわけだよ。（大袈裟だ）

日本の量販店が今日のような隆盛を示す背景には、世界で最も沢山背広を作り、売っている彼らの、品揃えに対する圧倒的な自信が窺える。それは何に由来するのか。おそらくそれは、手本にしたニューヨークの店の実情などを把握しての、ものだろう。サイズを揃えれば客は必ず来るのだ、と。

大昔に、これを体験した人が量販店の業界にいて、これを日本でシステム化しようと図り、成功したのである。本書の企画を考える時、この時の驚きが背景になっていることを（但し日本のバーニーズの行き方はこれとは違う）強く思う。バーニーズでの驚愕、心動かされた時から、今や何十年も経ってしまった。

「量販店の安心感」

ここまで書いてきて、量販店の意味合いはわかったが、それでは従来のファッション・ガイドブック、所謂紳士のお洒落読本のようなものと、この本は一体どこが違うのだ、とお思いの方もいるだろう。そういった疑問は当然である。

だってブルー・ブレザーにせよジーンズにせよ、その組み合わせや能書きは、これまで結構いろいろ読まされたような気がすると思う人がいるはずだ。「定年ダンディ」と本書を銘打つからには、これまでの指南本と一体どこがどう違うのだ。ここではそれを明確にすべきだ、と。

実際のところ筆者はそういうことを、雑誌に書きまくり、本をこさえて、きたのである。お洒落読本みたいな著作が五冊くらいあるし、世に広く認められた「VANグラフィティ」なるベストセラーも、ものした。

あの日本経済新聞に、お洒落のコラムを持っていたこともある。そこでは、恵まれた働き盛りのビジネスマンを対象に、鷹揚に余裕いっぱいに、お洒落の心得を書いていたのである。　いい気なもん、だったのだ。

だから、そういう過去の著述と、ここで開陳している内容が、どれだけどのように異なるのか、それを明らかにしておく必要があるだろう。

まず申し述べるならば、本書の目的の第一義は「お洒落男」でも、「お金に余裕のある人」でもない相手に向けた、これはお洒落ガイドであるということ。これまでロクに身の周りのことなど考えたことのなかった、そういう定年世代に向けた、服飾読本なのである。

こういうのは実は珍しい。

そうなのだ。自戒を込めて書くなら、これまでのメンズ・ファッション本というのは、お洒落それ自体が大好きな、言うところのダンディ気取りの、軟弱で鼻持ちならない相手向けの、気障《キザ》で嫌みな読み物、だった。

ま、ご同業もまだ多くご健在なので、自分独り良い子になってはいけないが、低姿勢で書くなら、これらは要するに一部のマニア向け、というやつだったのである。

しかしもう後が見えている定年世代に、そういう気障を売り物にしたような本など不要だろう。意味ない、ではないか。ヨタなら他所でやってくれ、である。

筆者自身がそういう世代であるから、そしてやがては自らも定年を迎えるのだから、つまらぬ無駄話は無用にしたい、そう思う。

だからここでは実質本位の、役に立つ情報だけを、低い予算で叶える方法を述べよう、としているのである。

例えば前項で書いたジーンズとブルー・ブレザーの話など、今更購入する必要のない向きも、多いはずである。両者が全然手持ちにない、というのは、我々の年齢では、相当珍しい。だからこれについて記述するその意味合いは、買い物ガイドではなく、コーディネートの極意（とは大袈裟で不遜だが）、というようなことになる。そういう内容も本書には多いのだ。何もわざわざ買わなくて済むこと、出来ることが、ここでは沢山出てくる。

だが、そういう人は、ま、中級以上である。本当に金輪際、白いシャツ（カッターシャツと呼ぶ人が今もいる）と黒いズボンしかタンスにないような人も、けっこう多いのである。だから、背広を着られなくなったら、そういう人は本当に何を着ればいいのか、途方に暮れてしまう。

それをお助けしよう、いやそのヒントをお授けしようというのが、本書の意図するところなのであります。

さてここで意味を持つのが、先ほどから述べている量販店なるものの存在。

かつてメンズ・ファッションの原稿を書きまくっていた頃、近所の奥さんから、新聞のチラシに挟んである、二着で一着分の値段の背広なるものは、果たして買っても大丈夫なのかしらと、尋ねられたことがある。

いまニューヨークでは何が流行しているのか、というようなことより、普通の家庭の主婦には、そういうことの方がよっぽど切実で、意味のあることなのだなと、得心した。

大丈夫ですよと、そのときには答えたと思う。国内であれ東南アジアの生産、縫製であれ、日本のメーカーの名前で売られている背広は、しっかり一定の水準を保っている。そう確信するからであり、業界でも、それはその存在理由がちゃんと認められているからだ。ご近所で尋ねられたのは30年前くらいのことである。

しかしこれが50年前だと、事情は異なっていた。そう、一九六〇年代までは、既製品の、安価な背広はツルシと呼ばれ、真っ当な商品とは思ってもらえない時代が、あったからである。僅か50年前なのであるが。

それでは50年前に、何があったのか。

そう、拙著「VANグラフィティ」で総括したように、当時隆盛を誇った洋服メーカーVANヂヤケットが巻き起こしたアイビー・ブーム。これが日本中を席巻したのである。

このブームは、珍しくも男性中心に起こった服飾ブームであり、服飾だけに留まらない広く社会的な風俗革命、と呼ぶべきものだった。

それまでは女性向けの、例えばディオールがどうしたとか、今年の流行色はどうだ、だとか、オート・クチュールがどうの、などがファッションの主流だった。風俗すなわち広い意味でのファッションとかモードのネタは、女性ものに限られていたのである。そしてそれらは新聞の婦人欄や家庭欄に記事として掲載される程度で、社会的事件として扱われるようなことは、まずなかった。

それがアイビー・ブームは、男性を中心の、青少年が対象とされる「男の風俗の事件」として、大いに世間で取り沙汰されるようになったのだ。

さよう、これは事件だった。

そしてこれは同時に、それまで低かった既製品の背広などへの評価を大きく変えさせた、日本の衣料産業におけるターニング・ポイント、となる。

このことは見過されがちであるが、アイビー・ブームとは、男の服飾に既製品の勢力とその存在感を大いに認めさせるきっかけを作った事件だったのだ。

それまでデパートなどは、オーダー・メイドか、その普及版としてのイージー・オーダーの背広しか扱っていなかった。対して既製品は、蔑称であるツルシとして売られ、隅に押しやられていた。

それが、このブームとそれによって起こった既製品への評価上昇により、世間の目を開かせるに至り、デパートなども当該商品を多く取り揃える機運を生むことと、なったのである。

こうして、ツルシの背広を着ていることが、恥ずかしいことではない時代が日本に到来する。

町のテーラーさんにとって、これは死活問題であり、大いなる災難となったのではあるが。

ちなみに書くと欧米では、紳士服のシェアは圧倒的に既製品で、オーダーはほんの一握りに過ぎない。だからいずれ日本にも既製服の時代が来るだろう。そう予想していた人はいた。

だが町のテーラー以上に老舗デパートが、明治以来長い時間をかけ、オーダー・スーツを一つのステータスとしてサラリーマンに売り込むのに成功していた。デパート業界は一つの殺し文句を作っていた。すなわちツルシの背広を着ているようじゃ出世はおぼつかない、という幻想である。

それをアイビー・ブームが打ち砕いた。ＶＡＮによって、若い層を中心とする日本の男性たちは、既製品の背広の普及を経験する。これによって、比較的安価な、しかし決して質的にも劣るところのないものを、男たちは手に入れることが出来るようになった。

もっとも、誂えの背広の存在感は小さくなったものの、いまだ命脈を保っている。で、それはそれである。以上の話はアイビー・ブームの歴史的意味を述べたものだ。だが本書の目的は、それを説き明かすことではない。テーマは量販店の存在と、その意味である。

「石津謙介と量販店」

ここに、アイビー・ブームの中心人物であり、ＶＡＮヂヤケットの創業者であった石津謙介氏の「できる男の服飾戦略」（チクマ秀版社）なる本がある。一九九四年刊行というから およそ二十五年前の著作である。自慢ではないが御大自らのサイン入りである。

石津さんは、この数年後に亡くなるから晩年の本ということになる。もっとも、ひじょうに達者な方で、九〇歳近くで逝かれる直前まで現役だったから、これが最後の本ではない。凄いことである。

それはとにかく、ここには量販店に対する石津さんの評価が記してあり、興味深い。すなわち当時少なからず話題に上っていた「安売りスーツ店」の背広とは、一体どのような代物なのか、それに言及しているのだ。

フットワークの良い石津さんは「安売りスーツ店」すなわち今日言う量販店の実態を確かめるため、わざわざ何軒か回る。

ここでその「安売りスーツ店」という表記も、時代を感じさせますな。今や市民権を得た量販店には、こういう蔑称は使われなくなった。如何にも安かろう悪かろうの響きが、ここにはありますもんね。

検証した結果を引用すると、それらの背広は「値段相当（二万円から四万円ほど）のもの」であり「縫製、仕上げなどは結構しっかりしている」とある。

正直な方であるから、その書き様には好感が持てる。「安売りスーツ店」に対しての石津謙介氏の評価は、決して低くなかったのだ。

ちなみに筆者は、かつて石津さんとご一緒にアメリカ東部アイビー・リーグ8校（アメリカ名門私立大学8校からなる連盟）を取材する旅を体験した。ひと月近く寝食を共にし、大いにその謦咳《けいがい》に接した。話題作りの上手な、世間に流布した派手なイメージより、余程に篤実な方であった。

それはとにかく、こうして「安売りスーツ」に好意的な評価を下した後、石津さんはさらに、こう書く。

「それらのスーツをすべて分解し、仔細に検討を加えた結果、工程には合理化された形跡はあるが、ビジネス・スーツとしては十分に通用する出来だったことを調べた御仁がいた」

そういう人がいたのか。なるほどね。

当時の「安売りスーツ店」の関係者は嬉しかっただろうな、こんな風に書かれて。

最後に「物価の下がることはご同慶の至り」石津謙介氏は「安売りスーツ」について、こう結んでいる。

自らの起こしたアイビー・ブームにより既製品衣料への評価を向上させ、その価値を高め、あまつさえ紳士服業界のリーダーとなった石津さん。そのブームの影響によって、川下とも言うべき位置にいた「安売りスーツ」も伸長が促された。この「安売りスーツ」なるものに対し、今度は斯界のご意見番として、その質の確かさに一定の評価を与えたのだ。

当然の成り行きとはいえ、いずれはこうなることが、彼には見えていたに違いない。「悪貨は良貨を駆逐する」は言い過ぎだとは思うが、石津さん自身が身を以て、これを体験している。すなわちデパートの紳士服売り場にとっては、後発の、それも既製品のメーカーであるVANヂヤケットの隆盛は、そのように見えたに違いないからである。

つまり、こうである。アイビー・ブームにより、その余波として紳士服業界の底上げがなされた。結果として、低い位置に置かれた安価なスーツであっても、これが十分使用に耐えることが分かったのだ。勿論量販店業界の企業努力も、そこにはあったろう。石津さんの記述はそういう量販店の役割に対し、一種のお墨付きを与える結果となったのだ。

すなわちそれまで貶《おとし》められ、下位のものとみられていたツルシと呼ばれる既製品の評価をアップさせ、人々に既成の背広の価値を認めさせるきっかけを作ったアイビー・ブームの張本人が、今度は同じ既製服業界の下位的存在である所謂安売りスーツ店に対し、かつて自分が経験したのと同じような決定的な評価を下したのである。立派に通用すると、その力量を認めたのですね。

もしかしてVANヂヤケットの倒産にも、こういう下位勢力の伸長の影響があったかもしれぬ。敢えて下剋上とは言わぬが、業界ナンバー・ワンとして君臨し、「決して安価ではなかった」石津さんのところの商品に対する、これらがアンチテーゼの一つとなったことは確かだ。

もっとも、今度は僕の番かと、石津さんが思ったかどうかまでは知らない。

それはさておき以上のように、今日言う量販店の製品のグレードは決して低くなく、その発展及び伸長には、この質的裏付けが強く反映している。つまりこの50年で、ツルシと呼ばれていた既製品の背広が、ここまで高いグレードを示すものになったのだ。

定年世代にとっては、青春時代を駆け抜けたアイビー・ブームが、結果として今日自分

たちの着る衣料の、低価格化と高性能化に寄与していることを知ると、独特の感慨がある。（これも大袈裟か）

「成熟した日本人の生み出した量販店」

このように量販店の製品が、真っ当で質的に問題のないもの、であることが分かった以上、我々としてはこれを味方にするべきだろう。

そこにはかつてのメンズ・ショップにあった海外事情の輸入窓口といった先進性や、店員が一種のモデル・ケースとなるようなファッション感覚は、残念ながらない。

ひじょうに短期間に伸長を果たした結果、店員の教育は決して行き届いたものとは呼べない状況である。

言うところのマニュアル化により、店員は促成教育だけで、つまり通り一遍の対応しかできないままで、店頭での接客を余儀なくされている。蘊蓄《うんちく》を傾けてくれるような気の利いた店員を期待するのは、無理な状態である。

さらには女性の職場進出により、見た目は可愛いいが、商品知識はこちらが教えて上げなくてはならないような女性店員も増えた。

そしてここには、下げているだけで自慢できた買い物袋、といった威光も見られない。

量販店の紙袋で銀座を歩くのは、あまり心地よいものではない。

ただ質実剛健ともいうべき店の気風と、商品の確かさ、その豊富な商品の量、マニュアルにより対応が水準化された過不足ない接客態度くらいが、取り柄である。

だがそれでいいのだ。我々はただそこに服を買いに行くだけ、なのだから。

もっとも、そういう実質的なだけが取り柄の量販店だが、何度も通う内に顔馴染みになる。

このことは店の側にとっても意味あることだ。なぜならそれで、固定客として売り上げが見込めるからである。

客としても、こちらの好みや大まかな懐具合を推測されることで、余計なものを勧められることがなくなる、という利点を持つ。つまりは良いお得意になるのである。

家電量販店でも同様のことがあるし、更には馴染みの酒屋で掘り出し物のワインを教えてもらった、というのにも通じる。

買わなくて、ただ見ているだけでも、いいのだ。これだけでお得意、と思ってもらえることがある。家電量販店で入口に、かざすだけでポイントが貰えるシステムを設けているのがある。スイカのように押すだけで数字が増える、あれである。

量販店の場合はカチャカチャと数量的に表れるのではない。この客は近所の人間らしい、万引きなどはしそうにない、時々決まって顔を見せる客だ、そう認知しておこう、である。実はこういう客は、お店にとって重要であり、嬉しいものだ。潜在的顧客だからである。

手なずける、という言葉がある。客の側から言えば、ただの顔見知りから少し親しくなって、次第に店の人間を手なずける。そうことは、客として間違ったことではない。いやむしろ客として賢い態度であろう。

言葉としての響きは決して良くはないが。客が店員を手なずける手段として、たまにソックスとかポロ・シャツといったような安価なものを買うのですね。下着やベルトでも宜しい。こうやって、セールが近いことや特典があることを、教えてもらうこともある。

要するにこちらの手の内と、店の事情をすり合わせるのだ。

定年世代とは、時間だけは有り余っている種族だから、こういう付き合いを幾つも用意していることで、なんとなく楽しみなことが増えることになる。

これは何より運動不足の解消にもってこいだ。何も買わなければタダ、なにしろ一切無料なのだから、懐も痛まない。

顔馴染みになり、店員を手なずけることが威力を発揮するのは、いざジャケットを買おう、冬のコートを手に入れようという需要が顕在化した時である。様々な便宜が図ってもらえる。

ジャケットのコーディネートも、それまでに大体の好みや手持ちの衣料の内容を察知していればこそ、だ。そう、何度も顔を出して、どういうアイテムがこの客のワードローブに揃っているか、賢い店員なら判るだろうからね。

そこまで内部事情を知られていたくないとしても、派手好みか渋好みか、若作りか落ち着いた趣味か、などと言った個性を掴んでいられると、選択の際に話が早い。要するに服飾における、その人に合ったアドバイスを得られるのだ。センスに自信のない向きには、お洒落の相談相手が、奥方以外に増えることになる。
すなわち量販店を味方にせよ。〔**教え、その3**〕
さらには、ポイントを貯めるというメリットもある。店を分散させず、一店に絞ることで、これが促進する。

「正しいサイズの把握が大事」

そのためにはまず重要なこと、それは自分のサイズとの折り合いのつけ方だ。つまり近所に数軒の量販店があって、いったい全体どこに決めるか、というときの基準である。

ここで、サイズが問題になってくる。すなわち店により、扱っているブランドによって、微妙に異なるサイズに対し、自分の体格がどこまで合致しているか、それを見極めるのだ。これはひじょうに大事である。

例えば同じAB の4というサイズでも、店により、またブランドにより、それぞれ違う。特に袖丈。さらには肩幅。そして腕を入れた時の袖の感じ。太かったり、細かったり、僅かに長かったり、短かったりする。

あちらの店で少し大きいＡＢの４が、こちらの店では丁度良かったりする。

ジャケットの場合、大きければ袖を詰めたりしなければならない。そこには当然費用が発生する。千円台だろうか。

それが、同じＡＢの４なのにこっちの店ではぴったりであれば、その場で着て帰ることだって可能だ。

こういう例、実は結構ある。すなわち人間の体型というのはまことに千差万別複雑怪奇に出来ており、見た目だけでは判じられない。だからこういうことが多々あるのである。

仮に、店が気に入り、店員の対応が満足できても、ジャケットを買うたびに、もしくはブルー・ブレザーを買ったりするときに、それぞれ袖直しを行っていたら、何着も続けるうちに結構な金額になってしまう。

何より、袖を詰める、もしくは短いから少し出してもらうということは、そもそものジャケットのスタイルを歪めているわけで、結果としてバランスを崩していることになる。

ＡＢの４の人には、それに相応しい袖丈があって、それがズボンとの組み合わせに於いて最善のバランスを生み出しているのだ。背広の場合はもっと顕著で、組み合わせの妙というものが、そこには存在する。

背広は英語でスーツ（組み合わせ）と言うくらいのものである。ここでは背広の忖度はしないが、ジャケットとズボンの組み合わせにおいて、後から手を加え、サイズを変えたジャケットが、どこかで全体のトーンに暗い影を落としているのは否めない。大袈裟だな。

だからABの4というサイズが、工場から来たまんまの、一切の直し無しで、あっさり着られることは、服選びにおいてつとに重要なのである。

逆に言うと、そのまま着られるABの4を揃えている店を選ぶことが、定年人生を大きく決定づけるのだ。ゼッタイに、そういう店を選ぶ必要がある。いやむしろここは、そういう店を探し出し、チョイスすればいいのだ。簡単な話である。

皆様に是非試していただきたい。

量販店でサイズを見てもらい、その結果何々というサイズであると告げられた時、その店の同サイズのものを幾つか着せてもらう。

ここでピンと閃《ひらめ》いたら、それを買い、着ることになる。

だがピンと閃かなかった場合は、買ってはなりません。閃かないのは、袖丈の問題か、胸回りがキツイか、もしくは緩すぎるか、である。

着丈つまり長さが、ちょっと長すぎると感じられたのかもしれぬ。もしくはその逆か。

要するに理由は幾らでもある。

つまりもし仮にABの4と宣されても、それが本当にアナタにフィットしたABの4かどうか、実は誰にも判断できないのだ。出来るのはアナタだけである。奥方だって、これは無理ね。

実は筆者にはこういうフィットしないジャケットが沢山ある。ABの4を買っているのに、しっくり来ないメーカーやブランドのものである。勿体ないことだが、合わないと思っているのだから、これはもうしようがない。逆に、これ以上ないというしっくり感の、ABの4のジャケットもあるのです。

で、それは結局同じブランドかメーカー、もしくはショップのものであることが、わかる。そうなのだ、表記されたサイズを鵜呑みにし、あっさり信用してはならないのだ。

だから最近は同じサイズでも別の店のは絶対に買いません。こういう結論に達するまで随分と時間が掛かった。そしてお金も。量販店の商品だって、タダではないからね。

街を歩いていて、量販店の新しいのが出来ると必ず入るようにしている。目に留まったジャケットがあると、それに袖を通し、鏡を覗く。

店員がやってくるが、適当にいなすのが大事である。色々なことを言うが、要するに買わせたいのが本心だから、否定的なことはまず言わない。当たり前である。

鏡を覗いたアナタは、一度脱いで、そして再び袖を通してみる。

どうであろう。当然ABの4の、いつもの決まったサイズだが、これは今まで満足していた着心地と同じだろうか。ちょっと袖が細いとか、肩が余っているか、窮屈か、どうか、引っ張られるような、無理に力の入っているような、そういうところはないか。

こうして色々と感じるところを総合するのだ。

新しい店の、新しいブランドで、これだと手応えを感じたら、値段と懐具合とで相談し、良ければ購入すればいい。

もっともこういうのは、私自身には近年あまりない。残念なことである。しかし逆に言うなら、目下着こなしている量販店ブランドで充分満足しているということである。これまでの過程で、そういうブランドや店に巡り合った、ということなのであります。

「量販店の有難味」

例えばシャツの場合。

身体にフィットしたシャツは、まことに心地よい。そしてまことに幸せなことに、今日これは価格とは関係がない。昨今は納得の値段で身体にフィットするシャツが、いくらも存在するからである。勿論のこと量販店の既製品である。

それでは不満だ、人と一緒では嫌だという人が、オーダーのシャツを銀座で作らせたりする。もっと金のある人はイタリアや英国に注文したりする。

それはスーパーカーや木造の高級ヨットと同じ世界で、どうぞご勝手に、と言うしかない。普通の人には国産のセダンや、グラスファイバー製のヨットで充分なのだと、多くの人は知っている。

国産の既製品でシャツは充分、と断言するのは、現在の日本には幅広いサイズが揃った、きちんとした縫製の、そして色柄も豊富なシャツが、ごまんと存在し、売られているからである。オーダーは余程体型に特別なものがある人以外、不要だと考える。

そもそも既製品に満足できないほどシャツに精通している人が、日本に一体何人いるだろう。そしてそういう誂えのシャツしか着ない人が、既製品を着ている人と比べ、どれほどの違いがあるかを見分けられる人が、何人いることだろう。アナタ、わかりますか。

既製品で充分事足れる、と断じる所以である。そしてこれが文明ということである。

戦後七〇年にして日本の衣料文化は、まことに容易に、そして安価に、水準以上のシャツを求められる領域にまで達したのである。これは強調しても強調しすぎることはない。

それはとにかく、シャツで何より大切なのがサイズである。それも結局、問題なのは、首回りと袖丈だ。これなら自分で覚えられるだろう。既製品のシャツの場合、うなじに当たる部分には、39の82とかのサイズが、見やすく記されている。39の82の場合、首回りが39センチ、袖丈が82センチである、というのを意味している。

これまでまだサイズを測ったことのなかった人は、店で店員にやってもらう。それが判れば、あとは襟をボタン・ダウンにするか普通のにするかを決め、色と柄を好みで選べばいい。簡単である。

しかしそれでも、シャツに不満を持つ人がいる。

それは結局その店で知らされた自分のサイズと、商品とが乖離しているからだ。そういうことがあるのか、と思う人もいるだろうが、これはあるのだ。

これまで述べてきたように、店とブランドによって少なからずサイズに変動があり、あの店とこの店とでは、同じ39の82でも微妙に異なる。いくら正しいサイズと諭されても、着てみると実は38と80の方がフィットし、満足な着心地が得られることが、あるのですね。

理由は簡単で、人間の身体が平板ではなく起伏に富んでいるから。だからサイズ通りに行かないのは当たり前なのだ。不満に思うのは、ある意味で仕方がないと言える。

それでも普通の日本人のサイズなら、一定以上、そして十分に揃えてあるのが、現在の日本の小売りの状況である。そしてそれを徹底したのが量販店だ。量販店の威力はここに現れる。

だからここが、慣れぬ一般の男たちには手間ではあるが、自分のサイズをもう一度採寸し、確かめてもらい、前回のシャツの着心地の不満が何処にあったのかを、伝えることが重要になってくる。

これで、問題が袖なのか首なのか、それとも何か別の要因なのかを、突き止めていく。サイズではなく他の要因、と書いたのは、量販店の商品ではなく、いわゆる若者向けのブランドの場合、細身に作られていたり全体のシルエットにクセがあったりするからだ。これはもう相性の問題である。そういうのとはオジサン、付き合ってはいけないのだ。

想像してください、20代のちゃらちゃらした蚊のようなボディの兄ちゃんと、定年を迎えた、時にメタボかなと思えるアナタの体格との差を。

逆に言うなら彼らは、おっさんの体型に合わせたようなサイズのブランドはお呼びでない、と思っている。そういうのは店の雰囲気と店員の格好で判定できる。だからそういう店には近づかない。

で、量販店におけるシャツのサイズ。

ここでポイントは、再度の採寸は必ず同じ店ですることである。そうすれば微妙な1センチ刻みのサイズのニュアンスが、読み取れる。これでいけないなら、こっちはどうだ、という具合に。

店の側も、店員は毎日客と接しているから、自分の店の客のサイズが、どういう具合に相手に受け入れられているか、ある程度想像がついている。

個々の顧客の、筋肉の付き方の違いや、猫背とか背骨が曲がっていたりとか、所謂体格の癖だ。そういうのを忖度しながら、フィットするサイズを探してくれる。ここで店員は、さながら整体師である。

これだ、というサイズが見つかれば、今後長くお得意になってくれるだろうと念じている彼らは、必死に説得し、売り込みにこれ務めるのである。

サイズは数字だが、数字だけでは推し量れない。そういうものを、サイズは含んでいる。正に、たかがサイズ、されどサイズである。

諸君、言っておくが、わざわざ高いカネで、誂えてこさえたシャツだって、決して万全ではないのだよ。

たまたまお仕立券付きの生地を戴いて、タダでこさえるならともかく、自前でオーダーしようと決意し、シャツをそういう高級店で誂えたら、量販店の十倍くらい取られる。量販店で買ったのが半額セールのだったら、その違いは20倍ほどにもなる。だから量販店を味方につけるのが得策なのだ。これは誰だってそう思う。

要するに自分に合ったシャツを着られたら、それでいいのである。誂えだろうと既製品だろうと、結果がすべてである。

言うまでもないがシャツは消耗品だから、着ていれば必ず劣化する。袖口がほころんだり、襟がすり減ったり、全体が黄ばんだり、首筋が黒ずんできたりするのである。これは仕方がない。で、そうなってから、これは五万円もしたのだと自慢しても、ナンセンスである。シャツでもなんでも衣類は、着古してしまえば値段は意味をなさない。だから、気張らずに揃えられる量販店を味方にすることを勧めるのだ。

「フォーマルはモットもらしさが一番」

ここで量販店の使い方としてあげるのがフォーマル・ウェアすなわち冠婚葬祭ルックである。

定年世代にとって冠婚葬祭は得意分野に入ると思われる。すなわち結婚式や葬礼の際の格好である。会社の時代の役職によってはモーニングまで持っている必要があった、という向きもあるだろう。少なくとも黒のフォーマルを、夏用と秋冬の2着は持っているのが普通だ。これは社内でも社外でも、つきあいとして最低必要なアイテムであった。ディナー・ジャケットすなわちタキシードを持っている向きも、少なくない。さすがに燕尾服はいないだろうが。地方によって紋付羽織袴が必須というところもあったりする。

そしてそれらを着用した機会も、年齢に応じて少なからずあったはずで、また息子や娘の結婚式のためにわざわざ誂えた、などというのが定年世代ならでは、である。

会社を外れても、こういう付き合いは付いて回るから、普段から用意が肝心である。奥方も同様。会社を辞めてからめっきり減ったなと思いながらも、たまに機会があると、これはこれで嬉しいものである。旧知の人々に合えるからだ。

黒の背広上下に白いシャツ、黒と銀の、用途に分けた2本のネクタイ。カフス・ボタン、黒い紐付きの靴。ま、こういった品々を洋服ダンスに常備していなければならない。圧倒的に婚礼より葬儀が多いことになるが、それは仕方がない。

通夜は黒ずくめよりも、例えばネクタイに色目があったりする方が、(程度問題だが)いかにも突然に慌てて駆けつけたという感じがしていい、とされる。昼間に行われる「偲ぶ会」も同様である。しかし、たかを括って普段着で駆けつけると、やはり良い顔をされないことを知るべきである。そういうものなのだ。靴も同様で、見えないと思って茶のローファーなどで出向くと、相当に肩身の狭い思いをする。だからこれらも夜の葬儀と同じ感覚で臨んだ方が、マチガイがない。

フォーマル・ウェアはたまにしか着用しないからと油断していると、腰に贅肉が付いてズボンがきつい、などということがある。サイズを調節できるズボンを一本用意しておくと安心である。選ぶ場合も、ここは喪服と決めないで、黒い背広上下という発想で、一着買っておくと良い。

そこで量販店の出番である。つまり物凄い高品位素材である必要はない。流行も関係ない。真っ当な、黒の背広でいい。ゆったりしたダブルの上着にしておけば、肥ったり痩せたりにも対応が可能。ズボンが調節可能だったり、もう一本余計に付いていたりすると便利だ。

これらをことごとく満足させてくれるのが量販店のフォーマル・ウェアなのだ。何より価格が魅力である。奥方からも大いに支持されるだろう。

これを、ごくたまに仲間との夜の食事や会合などに着て出て、身体に覚えさせておくことが肝要である。買ってから一度も着ないで本番、というのではあせってしまう。派手なネクタイを合わせ、よそ目には喪服と見えない工夫をすれば、いい。

フォーマル・ウェアの基本的な着こなしは唯一つ。モットもらしい顔付で臨む事である。難しいことではないだろう。

SECTION4

ジャケットの神髄

after

男の服飾の基本として、ズボンと、上着と、シャツが挙げられる。中で上着は、背広の上着とは異なり、様々なバリエーションが存在する。

これはお洒落好きには大いに楽しめるところであるが、一方でそのワイド・セレクションぶりが、そういう方面に疎い人々の頭を悩ます結果ともなっている。何故なら背広であれば紺やグレイの生地を選べば、それで出来上がりだった。あとは白いシャツに適当なネクタイを当てがえば、これで事足れると、至極容易であった。

ところが言うところの代え上着だと、こうはいかない。あっさり決められない。そうそう簡単に、一筋縄ではいかないのだ。先にズボンを決め、上着に移るにせよ、その逆で行くにせよ、ここには組み合わせという難題が、立ちはだかることになるからである。

この組み合わせこそが、世に言うコーディネートである。若い女性たちが縮めてコーデと呼んでいる、あれだ。

コーデと気安く呼び習わしている割には、これが彼女たち、ことに通勤を強いられるOLたちにとって至極大変なことであるのは、ファッション誌が毎号のようにコーデの特集を組んでいることからも判る。いわく「コーデの達人。着回し上手になる10の秘訣」

といった具合。

彼女たちは日夜、勤め先に何を着ていけばいいのか、すなわちどういう組み合わせで、限られた洋服の目新しさを出すか、それに心を砕いているのだ。小さな頭を悩ましているのね。

そういう意味で、サラリーマン時代の男たちのコーデなるものは、実にカンタン至極であった。数着の背広を着回し、それに洗いの効いた白いシャツを着け、適当なネクタイを選べばよかったのであるから。で、こういう波風の立たない環境にいたことが、男たちを服飾オンチの状態に陥いらせてしまう結果を生んだ。むべなるかな、である。

しかし定年という状況が、これまで安穏に過ごし、無風状態にいた男たちから、平静を奪う。背広が着られなくなるからである。

ズボンの章でも繰り返し書いたが、定年とは明日から一体何を着ればよいのか、自分でそれを考えることを余儀なくされる、そういう厳しい状態を指す言葉なのである。

さあ大変だ、であります。

だから、かくかくしかじかとズボンの選び方を学んだ上は、次にジャケット選びに取り掛かることになる。

だがまずはその前に、ズボンの選定を先に済ませてしまおう。すなわち綿パンか、ウールの黒いズボンか、はたまたジーンズか、である。

そうなのだ、男のズボンなんて、これしかないのだ。だからカンタン、そう思ってほしい。

女性たちは大変だよ。

まずスカートかパンツかという一大選択を行う。

次にスカートなら、フレアしたのかタイトなのか、短いのか長いのか、はたまた中くらいのなのかを、決める。

こうして決めたら、数ある中から、これ一枚、もしくはこれ一本というのを探し出す。

その上でのコーデである。

上着は、ブラウスは、靴は、バッグは。結果ようやくその日の格好が決まる。なんとこれが、毎日繰り返されるのだ。

これに比べたら僅か三種のズボンからチョイスすれば済む男は、なんと恵まれていることだろう。

もっとも彼女たちにとり、朝のコーデ・タイムは、女として生きていることの証明みたいなものだから、同情することはないのだけれど。

とにかく、男は三つの種類のズボンから適当に一本選び、それをスタート・ラインに、コーデを完成させていくのである。

例えばここで、黒いウールの、比較的高級なズボンを選んだとする。裾はダブルで、勿論美脚タイプ。

どのようなコーデが考えられるのか。

サラリーマン時代からウイーク・エンドには大人のお洒落を楽しんでいたという上級者なら、ここから先は言わずもがな、であろう。語るまでもない。彼らはたちどころに、上着もシャツも靴さえも、さっさと決めてしまえることだろう。むしろそれをどこかで楽しんでいる風にさえ見える。

だが世の中は広い。この世には、そういう達人ばかりが住んでいるわけではないのですね。コーデという言葉だけで怖気をふるってしまう人がいるのだ。そしてそういう人は決して少なくないのである。彼らは背広だけ着ていればよし、と信じ込んで永年生きてきたのである。これは仕方がない。

で、本書は、まさにそういう人のためのガイド・ブックであります。

大体こういう背広オンリーの人々は、当然ストック、すなわち手持ちの衣料の数も種類も、ごく限られている。これが現状である。碌にワードローブなんか揃っていない。

ちなみにワードローブとは洋服ダンスのこと。転じて手持ちの洋服ストックの総称である。ここではそういう背広一途だった方々にスポットを当てて、話を進める。

「ブレザーを極める」

ところで黒やグレイ、そして生成のウールのズボンそれ自体は、それまで着馴染んで来た背広と近いニュアンスを、持っている。つまり割合身近な存在だ。裾はダブルだし。白いシャツに黒いベルト、それに黒い靴と靴下を合わせれば、これはサラリーマン時代にしょっちゅう着ていた黒い背広のズボンと酷似している。そう思い当たるのだ。

だからこれに、背広の上着ではなく、紺のフラノなどのブレザーを合わせれば、立派なウィーク・エンド・スタイルの出来上がりと、抵抗なく受け入れられるだろう。さらにシャツがボタン・ダウンであるなら、もうこれ以上付け加えることはありません。

後はそう、ズボンを季節に合わせ、薄手のものと厚手の二種類を揃えておけば、万全である。

ブレザー自体も同様で、軽めのサキソニーと呼ばれる生地のと、重めのフラノやカシミヤなどで揃えるのである。

そしてこの次には、黒いウールのズボンをグレイや濃い茶やグリーンに変えることも、思いつくことになる。こうしてブルー・ブレザーなるものは、万能に近いことに、気付くのだ。〔**教え、その４**〕

実はファッションというのは、どこかで尻取りに似ている。次から次に、スタイルやアイテムを繋げていくことで、そこから又次へと世界が広がるからだ。

すなわちブレザーでズボンの色のバリエーションを学んだ後は、今度はブレザーの前の合わせをシングルからダブルに変えてみる。これが言うところの尻取りである。

ダブルのブルー・ブレザーはシングルより改まった感じで、シャツやネクタイをバージョン・アップすることで、フォーマルな場所にも着ていける。例えば友人の息子や娘の結婚式などであるが、それはまた別の話。ここではブレザーを変えることで、ズボンが着まわせることに留意されたい。

このように、ブレザーはカジュアルでも少し固い場面でも、実にもう両方大丈夫だということを承知しておく。

これが、背広オンリーだった方々には過渡期的発想として、比較的抵抗なく取り入れ易いのではないかと思われる。つまり、ブレザーだと、くだけ過ぎないことが可能だ、という安心感である。

定年になったら急に遊び人風な格好になることには抵抗ある人もいるだろう。周りだって驚くよね。奥方だって同様だ。定年を迎えるような年になって急に派手になっちゃって、ウチのパパ何処かにオンナでも出来たんじゃないの、と。

だからまずシングルのブルー・ブレザーで、いわばポスト背広の肩慣らしする、こう考えてみればいい。その上で、ダブルに移行する。

紺というまことにもっともらしい色が、ここでは大いに安心感に繋がっていることに気付く。

例えばブルーのサージとかフラノ、それにカシミヤなどと言った素材だったら、かなりビジネス・ユースも抵抗なく着られる。

しかしニット素材の、柔らかいノンコン・タイプ（芯のない上着）だと、ぐっとカジュアルな気分になってしまう。カーディガンぽくなるのである。

「ジーンズと最強のコンビ」

ジーンズとブルー・ブレザーというのは、このマッチングを一つの額縁と考えると、応用範囲が無限に近くあることに気付く。

手っ取り早く春夏はTシャツで決まるし、マドラス・チェックのボタン・ダウン・シャツをTシャツの上に着込んでいれば、そこそこお洒落なオケイジョンにも対応できる。

ちなみに足元もスニーカーからローファー、チャッカブーツと、なんでも有りだ。目立たなくすることをお忘れなく。

ただし別の考え方もある。スニーカーやローファーに、黄色や赤など派手な色のソックスを合わせると、これは不思議、嫌にお洒落な感じになる。

ブルーとブルーの組み合わせが地味。だからアクセントとしてカラフルな小物をあしらうと、これが大層収まりが良いのである。定年世代も、こういうお洒落センスで生活を楽しんでもらいたい。

ジーンズの裾も、決まりきったストレートだけでなく、折り返したり、ブーツ・カットと呼ばれるブーツ用の斜めカットが選べる。折り返しだって幅の変化で、色々な表情が楽しめる。1センチ、2センチ、3センチ、それぞれ気分が変わるのだ。

ただ定年世代としては、あまりここを目立たせるのは得策ではないかもしれぬ。そのあたりは、各自のテイストに任せよう。

それから書き忘れたが、これって奥方にも応用可能。そして奥方の愛用が進むと、ここはリッチにジーンズにカシミアを奮発したいわね、などとミセスは言うかもしれない。

このペア・ルックは割合に嫌味のないものとして受け止めてもらえるようだ。

つまりブルー・ブレザーの種類が相当に豊富ということから、アイテムの組み合わせが増える。これはジャケットの章で述べるが、前述のフラノやカシミヤ以外に、薄手のウーステッド、麻、シルク、コットンと実に多様である。紺ブレという言葉があるように、この世界はまことに広く、深い。

最後にベルトをどうするかだが、原則的にベルトなしが定番。ジーンズの持つ重ったるさが、ベルトで加速されてしまうようなところがあるからだ。定年世代のセオリーからしても、腰は目立たないようにするのが利口だ。

勿論これも好き好きだから、がっしりしたベルトで決めたい、という向きもあるだろう。それはそれで宜しい。ただブルー・ブレザーでボタンをしてしまうと、表からは見えないのも事実。なくても判らないのなら、わざわざ締めることもない、ということになる。

なにしろジーンズである、腰にも太腿にも脚にもフィットしている。だからベルトなしでも金輪際ずり落ちるようなことはないのである。

「ショーン・コネリーのハリス・ツィード」

凡そ数あるジャケット素材の中で、もっとも定年世代に相応しいのは、ツィードではなかろうか。中で横綱格はハリス・ツィード、文字通り右総代である。

ハリス・ツィードは、スコットランド北西部ハリス島で生み出されることから、その名がある。ツィードの大看板、ツィードの代名詞のように扱われる。ひじょうに人気があるので、すでにご愛用の向きも多いことだろう。

このツィードという名の由来だが、こういうことだ。かつては綾織を意味するツィルと、産地を流れるツィード河の名とが、併存していたという。ところがその差が次第にあいまいになり、ついには重なって、まあいいやこれでと、ツィードと呼ばれるようになった、らしい。ものの本にはそう書いてあった。世の中は一体にそういうものである。

ツィードは夫々の土地に伝わる独自の織り様に従って産地の名前が付けられ、店頭に並ぶ。ハリス・ツィードも同様である。見れば判るが元々はスコットランドで民族衣装として用いられていたもの。手で紡いだ手染め糸を手織りし、こさえる、いたって素朴、かつ頑強な織物だ。ゴワゴワした野趣溢れる手触りが持ち味で大いに珍重される。島で特産の羊から、そういう粗い羊毛を採り、それを加工せずに使うからである。

しかし反面模造品も多い。人気があるからだ。従って現在は、特別に認定されたものにしか、ハリス・ツィードのマークは付けることが出来ない。

こうしたツィード、中でもハリス・ツィードは、定年世代にひじょうに相応しい。大いにこれを推奨するのは、その落ち着いた風合いと男性的感触、見た目の余裕、派手なような地味なようなそのリッチさ、それに何よりズバリ、暖かさのためである。少しくらいの寒さならこれ一着で、すなわちコートなしで出かけられる。ヒーターの効いたクルマを運転しながら着ていると、暑くて脱ぎたくなるほどだ。このような素材が必須であるのは英国スコットランドが如何に寒く、寒冷地にあるかの証拠だろう。寒さ、と言う点では日本はやはりアジア・モンスーン地帯に位置しているので寒いのである。

ハリス・ツィードに限らないが、ツィード素材は手にすると、ずっしり重い。目が詰んでいると実感させられる。衣料と言うより男の道具、と言った趣である。そのため、がっ

ハリス・ツイードは渋い男のユニホーム、着古して、着込むほどに、その味わいが増していく

しりしたスポーツマン・タイプ専用でマッチョ・マンに似合うように思われる。それは事実だが、本当は華奢な体格に、不思議にマッチするのだ。このことはウディ・アレンが証明してくれる。「アニー・ホール」ではラルフ・ローレン製と思しきツィード・ジャケットを着ていた。

つまり若い世代にも着られるが、これはやはり年輪を経た定年世代に着てもらいたい、そういう素材なのである。ショボくれたウディ・アレンに似合うのだから、定年世代にも似合うはずだ。誰が着ても、これはなかなかに相応しいのではないか。

粗いタッチが特徴だから、パターンつまり模様も、男性的なトラッド（伝統的）なものが多い。だが一方に、杉彩と呼ばれるヘリンボーンのように、ごく端正なものも存在する。これは読んで字の如く杉の綾を思わせる模様で、まことにトラッドな感覚である。

このようなツィード素材で仕立てられた替え上着を、気取ってカントリー・ジャケットと呼ぶ。背中に横一文字のベルトを共布で渡し、前まで通したベルテッド・ジャケットをノーフォーク・ジャケットと称するが、これもツィードでこさえる。カントリー・ジャケットの代表格であり定番だ。一九八七年の「アンタッチャブル」で、ショーン・コネリーが着用して現れ、アカデミー助演賞を得た。監督はブライアン・デ・パルマ。主演のエリオット・ネスはケビン・コスナーで、アル・カポネ役にはロバート・デ・ニーロという豪華版であった。

ここでコネリーが、ヘリンボーンでこさえたノーフォーク・ジャケットを着用に及んだのは、スコットランド出身という彼の出自を表すものだったのだろう。武骨なキャラクターを気分よく演じていた。また「レイダース」シリーズでハリソン・フォードの父親の役を演じた時にも、同じような格好をしていた。気に入っているのですね、きっと。

ちなみにヘリンボーンとはニシン（ヘリングと称す）の骨の意味で、日本的表現では杉なのに対し、彼の地では、これを鰊に例えるというのが面白い。古いテーラーさんではヘリボン織りと呼んでいた。

白いボタン・ダウン・シャツに黒いウールのズボン、上にヘリンボーンのジャケットという組み合わせは実に強力で、学生のマストアイテムでありつつ、定年世代にも充分応用が利く。

ツィードには更に素晴らしい特徴がある。そもそも衣料というのは基本的に着古していくものであり、そのため劣化が当然とされる。いつまでも買った時のままでいられるはずがないのが、世の習いである。それが、ことツィードに関してはそうはならず、着古していくほど、着込むほどに、その味わいが増していくという、まったくもって有り難い性向を有している。古くなるほど魅力が増す、それがツィードなのだ。

だから、買った時に直ぐには着ず、これを軒下に吊るしたり、着たまま寝たりする人がいる。要するに古びさせようというのだ。レインコートでも、こうする人がいるが、残念ながらレインコートの素材であるギャバジンは、ツィードほど頑強ではない。ほころびが何時かは来る。ま、仕方あるまい。

ところがことツィードに関しては、その耐用年数が驚くほどに長いのである。ということはつまり定年世代にとっては、まさに死ぬまで着られるアイテムということになる。いや体型さえ許せば、孫の代まで受け継がれることも可能である。

それぞれ合わせるズボンは、黒いウールとジーンズというように老若二手に分かれても、気分は同じであり、孫はその気質を受け継ぐことだろう。おじいちゃんが着ていたジャケットを孫が着るなんて、相当イカシている。

日本人体系なのでウディ・アレンのインテリファッションを真似るべきかも

ツィードはショーン・コネリーのお気に入り

ついでに書くとチェピオット・ツィードと呼ばれるものも、数多いツィードの中には存在する。これは背広の素材だ。洒落者の読者の中には、この生地でこさえたスーツをお持ちの方もいるかもしれない。産地のチェピオット・ヒルズというのはスコットランドの南部の土地である。ハリス・ツィードと異なり薄手のサラッとした感触が特徴で、これでツィードも奥が深いと知らされる。

「トロイ・ドナヒューのシア・サッカー」

アイビー・ブームの到来する少し前の頃に、トロイ・ドナヒューという美青年が日本で、そしてアメリカでも一世を風靡したことがあった。我が国で言うと石浜朗とか山田真二といった、甘すぎるほどのマスクを持った俳優に通じる存在であった。

青春スター、トロイ・ドナヒューは190センチに近い長身を武器にスクリーンに登場する。映画は「避暑地の出来事」。有名なパーシー・フェイスの「夏の日の恋」という主題歌で知られる、これは文字通り青春映画であった。監督はデルマー・デビス。一九六〇年のことだ。どうでもいいことだが、石浜朗も山田真二も、定年世代ならではの名前でありますそれより若い人には、まず不案内だろう。ちなみに椎名誠のデビュー作「哀愁の街に霧が降るのだ」は山田真二のヒット・ソング。オリジナルは「のだ」が付かないのだが。

アイビー・ブームの少し前と、わざわざ断ったのは、これがつまりアイビーの東海岸ではなく、カリフォルニアを舞台にした、西海岸のお話だったから。ここでの避暑地はパイン・アイランドと呼ばれる土地だが、どの辺だったのだろうか。

まだ中学生だし、良くわからなかったのだが、これはひじょうにお気楽な、一種南海の楽園に似た雰囲気の映画だと思った。とにかくアメリカも西と東ではまるで風俗が異なるのだ、と後で知る。

ニール・サイモン原作による一九七八年の映画「カリフォルニア・スイート」というのがある。四話に分かれた、所謂オムニバス映画だ。ここで、東海岸から西のカリフォルニアに移り、当地にすっかり馴染んだ様子の前夫の格好を見て、元妻が「カジュアル」と声を上げる。叫んだのはジェーン・フォンダで、夫はアラン・アルダ。カジュアルは「ダラシナイ」とでも訳そうか、とにかくそういう感じであった。実際のところ前夫は、寛いだ、ダラシナイと表現するしかない様子だったのである。「まあ、なんて格好なの」と言いたかったのだ。

陽光燦々の西海岸は、暗くくすんだイメージの東海岸とは大違い、どこか地中海沿岸風のイージー・リビング、つまり、いい加減な気分の横溢した土地である。そういうテキトーさがカリフォルニア殊にロス・アンジェルスの身上である。

「避暑地の出来事」における青春真盛りという感じのトロイ・ドナヒューは、まことにもってカリフォルニア・ボーイの典型を演じていた。後年さる場所で親しく言葉を交わすことがあったが、ほとんど60年代当時のままで、これはこれで幸せな人生かもしれない、と思った。ちなみに彼はフランシス・コッポラとUCLAで同級生だったそうだ。だから「ゴッドファーザーII」にはゲスト出演のような格好で出ていたのである。それも実名のマール・ジョンソンの名で。コッポラとトロイ・ドナヒューが同い年というのも、なんだかな、である。

それはとにかくシアア・サッカーのジャケットであります。カリフォルニア・ファッショ

シア・サッカーのジャケットを着るドナヒュー。まさに完璧な着こなし

ンを具現化する動くマネキン、みたいなトロイ・ドナヒューには、シア・サッカーという木綿の生地でこさえたジャケットがよく似合った。

これでサンドラ・ディと恋を語るのである。ミュージカル「グリース」で歌われたように、当時の世界中の女の子は全員皆、サンドラ・ディに憧れ、なりたかったのだ。それは世界の恋人トロイ・ドナヒューと恋が語れるからである。

で、このシア・サッカー、日本では、しじら織りと呼ばれるシア・サッカー、縦方向に縮れ縞を表した、ちぢれ織りの一種である。経糸に弾力の差のある二種の糸を使用して、わざと、ちぢらせるのである。色々なことを考えるものだ。本来はマドラスと同様インドの原産で、亜麻織物の一種というが、今日ではコットンまたは化繊との混紡でこさえる。インド渡りの素材だから、当然夏向きの風合いが楽しめるわけだ。サマー・ジャケットの右総代として挙げられるのも、むべなるかなである。

トロイ・ドナヒューの映画の直後くらいに起こったアイビー・ブームでは、夏のジャケットの定番として、これに半袖の白いボタン・ダウン・シャツ、そして綿パンそれも半ズボンを合わせ、黒いニー・ソックスと呼ばれるロング・ソックスを履いて、ローファーで仕上げた。大橋歩さん描くところの平凡パンチの表紙にも、しばしば登場したスタイルである。正に夏の定番であった。皆様ご存知の通りだ。

ちなみに半ズボンはバミューダ・ショーツと呼び、腰の背中部分には尾錠と呼ばれるベルトが、殆んど何の意味もなく付いていた。ボタン・ダウン・シャツには黒のニット・タイを締め、偽物のケネディ・コインで作られたタイ・バー（新宿の伊勢屋で5百円で売っていた）で固定する。アタマはケネディ・カットと呼ばれたヘア・スタイルか、通称大工刈りの五分刈り。まったくもってこうやって書いているだけで、暑かったあの当時の夏が甦って来るようである。

ところでブロンドのトロイ・ドナヒューが着るシア・サッカーのジャケットと、妙に律儀に日焼けし、黒いヘアの日本のアイビー・マニアが着るそれとは、殆んど別物のような違いがあった。今ならこれこそ戦時中の米兵と日本兵との違いと気付くが、彼我の決定的な違いを知らぬげに我々は、シア・サッカーのジャケットを夏の定番として無邪気に愛したのであった。

定年の世代には、ああ懐かしいという感慨で迎えられるシア・サッカーのジャケットだが、再びワードローブに加えたらいかがであろう。文字通り夏の定番として、これくらい相応しいアイテムはない。嬉しいことに量販店でも、今もちゃんと並べている。

ズボンは、いくら何でもバミューダ・ショーツはやり過ぎ。だが黒いウールのズボンでもいいし、ポリエステルの生成のズボンでも結構。シャツは半袖のポロ・シャツかボタン・ダウン・シャツ。涼しくなってから銀座に一杯飲みに行くというなら、黒いニット・タイを締めていただきましょう。ビジネス・シーンで占めるタイと異なり、黒のニット・タイには遊び心が横溢している。エルメスの四万円もするやつでなくても大丈夫。量販店で二千円くらいで売っている。

足元は、ホワイト・プラガーズと呼ばれる白黒コンビのスリップ・オン。これを張り込んでみたらどうだろう。甲の部分がホワイトで、他は黒い革を使ったスリップ・オンである。実にもう極め付け、という感じになるね。

個人的体験としては、ＡＯＲすなわちアダルト・オリエンテッド・ロックのスターとして鳴らしたボビー・コールドウェルにインタビューした時、あんちゃんみたいな横柄な態度で、彼がこれを履いていたのを思い出す。日本人では愛用者を見た記憶があまりないが、銀座の専門店に行けば売っている。ホワイト・プラガーズ、ちょっと高いが、目立ちますぞ。

つまりシア・サッカーのジャケットには、リゾートの気分が横溢しながら、どこかできちんと正装するような感じが似合うのである。それはこういう靴が似合うところに現れているし、先述のトロイ・ドナヒューという俳優のキャラとも、どこかで大きく重なっている。

SECTION5

セーターにおける本格

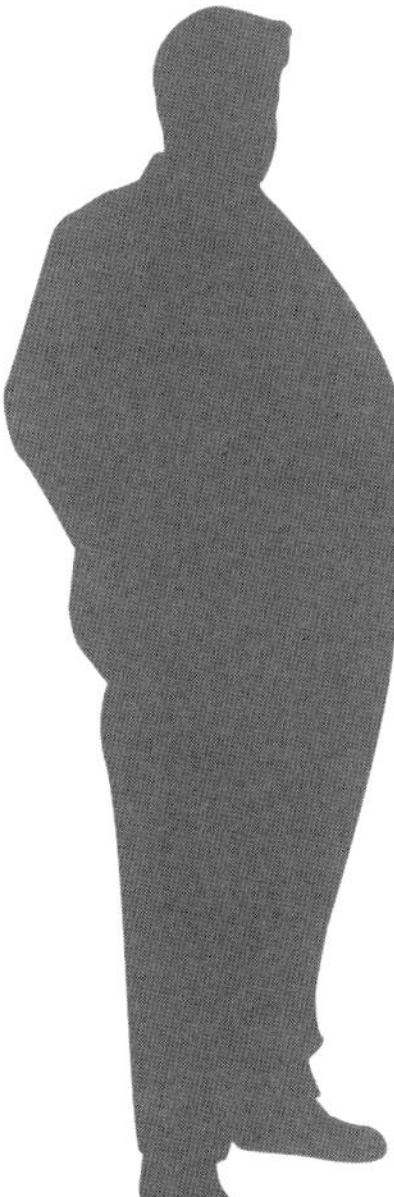

セーターが代表するニットは、およそ種も仕掛けもないアイテムだが、けっこう奥は深い。かつてニット・メーカーの広告制作のお仕事をしていた頃、一年中Vネックのセーターしか着ない、という人がいた。得意先の課長、といった方で、真夏はともかく他の季節は全部Vネックのセーターで通す。下には様々な色柄のボタン・ダウン・シャツ、そして襟からは下着のTシャツが必ず覗いている。以上を定番とし、これを頑固に守り通していたのである。ニット・メーカーだから当然だ、と言えなくもないのだが、他の社員でそういう人は、見当らなかった。

一番の理由は、本人が好きだからしているのだろう、そう思った。次に、それを推し進めると、何か真理とかセオリーみたいなものが見えてくるのかな、と推察した。思った通りを相手に言うと、そうですと答えが返ってきた。彼はこう言った。

定番中の定番であるVネックのセーターは、うちの会社のいわばメシの種である。自分たちはこれで食っている。しかしながらVネック・セーターの本当の着こなしについて、我々は決定的にこれをマスターしているわけではない。どう着こなすかは、お客さんにとっては自由だが、我々メーカーは、もう少し責任があるのではないか。すなわちVネックのセーターは、こう着るべし、という見本である。これを提示することは、我々の使命だ。だからそれを究めるため、一年一日このように、こうして着ているのであると。

着てみないと判らへんのですわ。書き忘れたが、関西のメーカーの人であった。

ほぼ同年齢のその課長は、細かなディテールについて語り始めた。つまり、着る人の顔の大きさとVネックのあき具合について。下に着るボタン・ダウン・シャツは、どのくらい見えているべきか。更には、その下のTシャツの見え具合はどうか。等々である。

加うるにセーターの素材による着こなしの違い。つまりカシミヤか、メリノ・ウールか、シェットランドか。更には編み模様の有るか無しか、等々。

ボタン・ダウン・シャツの素材や色柄、メーカーやブランドが変わることでも、大きく印象が変わる。Tシャツの見え具合にも、微妙な差がある。

特に重要なのがボタン・ダウン・シャツの襟のロールの具合の違いだ。ブルックス・ブラザーズのシャツのロールと、GANTのシャツのそれとは異なる。それを鑑みながら、どう対処するか。といった具合である。

今でも、ついこの間のことのように、これを思い出すことが出来る。およそ35年ほども前のことであるが。

ここでブルックスとGANTのシャツの違いを指摘されたが、これは当のブルックス・ブラザーズの日本側の責任者からも、聞かされたことである。ちなみにGANTのシャツは一時VANヂヤケットでライセンス生産されていた。だから日本でも手に入れ易かった。

話はこうだ。そのブルックスの日本人の責任者が、アメリカ本社の人間と会議に臨んだとき、たまたま彼はブルックスのではなく、GANTのシャツを着ていた。相手は目ざとくそれを見つけ、それってGANTのだよね、と指摘したという。別になじる風ではなかったが、ドキッとしたと、ブルックスの日本人責任者はもらした。

これが逆に日本だと、なじる感じが強く表面に出そうな気がする。なにしろさる国産タイヤ・メーカーでは、外来のクルマが門に入る時に門衛によるチェックがあり、他のメーカーのタイヤを履いていることが判ると、中に入れてくれない、という国だからである。

意地悪だな。島国根性丸出しである。指摘を受けた人は、わざわざスタンドで当該メーカーのタイヤに履き替え、門をくぐる羽目になる。

それはとにかく、ボタン・ダウン・シャツの襟のロールには各社それぞれの特徴がある。35年前の、まだこのシャツが一般的でなかった時代ならともかく、現在のようにクール・ビズで一億総ボタン・ダウンというような時代なら、各社のシャツにそれぞれ独特の違いがあることは周知のことであろう。ひじょうにワイドなセレクションとなっているのが現状である。

だからもし前記の課長が、今もその究極を求め続けているとすれば、Vネックのセーターの襟から見えるボタン・ダウンの襟のロールに、人一倍気を使っていることだろう。

Vネックのセーターには以上のようなこだわりがある。しかし一般の我々は特に気にすることもないだろう。ただ普通に着れば宜しい。勿論その際セーターの襟の具合とシャツとのマッチング、Tシャツの見え具合などに一応の気を使うべきであるが、これは皆様各様にやっていらっしゃるのではないか。Vのセーターもボタン・ダウンも、今日ではごく一般化したからである。

素材について述べるなら、Vネックのセーターにおけるベストはカシミヤである。今日では舶来も国産も多くのメーカーが、これを商品化している。その結果、かつては貴重品として扱われたカシミヤのセーターも、今や普通のアイテムとなっている。その昔大金をはたいて手に入れた向きには悔しいことであろうが、これは仕方ありませんね。量販店でも、手に入れやすい価格で店頭に並べられている、今はそういう時代である。

かつてはカシミヤが貴重だったから、若者向けのスタイル・ブックには滅多なことでは顔を出さなかった。お前さんたちにはまだ早いよ、とばかりに。それが今日ではすっかり手の届く存在となって、我々の身近にある。よい時代になった、と言うべきだろう。

そういう意味で、かつては上級品とされ、カシミヤの次に来るのはメリノ・ウールかシェットランドだと、手厚く扱われていた二種の素材も、やはりカシミヤ同様、今では普段使いのものになってしまった。だが本当は、これまた上品な素材なのだ。保温という点では、カシミヤを超える。そう、シェトランド・ウールでこさえるセーターの暖かさは無類である。しかも暖かさを追求する余り鈍重なヘビー・デューティになっているわけではなく、ごく何でもない表情が嬉しい。

で、一方のメリノ・ウール。こちらは豪州産つまりオーストラリアの羊の毛を指し、一方の英国シェトランド諸島生まれのシェトランド・ウールとは、その産地の違いによって呼び名を違える。そう知っておく。ちなみにメリノ・ウールの方が柔らかく、しなやかであり、量販店でも高級品の扱いを受ける。

英国産のシェトランド・ウールの方は毛が太く、特別なコシの強さと弾力が特徴である。だがどちらも気にするほどの違いはない。豪州と英国の、産地の違いであると覚えておけば宜しい。さらにはシェトランドの方が暖かく、メリノ・ウールはカシミヤに近いと、知っていれば十分だろう。

誰でもセーターの一枚や二枚は持っている。だが、以上のようなカシミヤ、メリノ・ウール、そしてシェトランドといった三種の個性を知って改めて量販店に赴くと、また違ってくる。今まで自分では気付かなかったのだが実は他に幾らでも気に入りそうな色合いがあることや、Vネックとかクルー・ネックといったデザインの違いが判ってくる。これからどういうセーターを着ようか、という指針が立つはずである。

幸いにセーターのサイズは、さほどの違いがあるわけではない。従来のLMSで事足れる。舶来と国産では大きく違うが、ここでは国産品について述べる。ということは奥方や、嫁にやった娘からのプレゼントとして、これがまことに好適であることに気付く。定年世代が誕生日などに貰うものとして、セーターは、その価格も含めて最良なのである。袖が多少長くても、折れば済むのだから、ジャケットやシャツなどに比べて間違いがない。

だから、プレゼントに欲しいものはと突然問われたら、すかさずセーターと答えるといい。相手も、何にしようかと考えあぐねてのことだったりするから、大いに喜ぶことだろう。

その時に、素材は問わないがグリーンのVネックがいいとか、カシミヤでピンクの丸首のがいいと言った具合に、好みをある程度はっきりさせておくべきである。肉親だからサイズはわかっている。あとはもう色とカタチだけをクリアにすればいいのだ。お気に入りのショップやブランドがあれば、それも告げたら、なお親切である。

先述通りカシミヤ製品だって、うんと求めやすくなっている。だからカシミヤのプルオーバーと指定しても、まず大丈夫だろう。思ったより安かったからと、奥方が同じものをペアで買ってきたりするかもしれない。

「現代の主流はジャージである」

突然ハナシが卑近に移るが、目下のところ一番身近なニット製品はジャージの上下だろう。もっともこれをニットと認識しているかどうか。それほど我々の暮らしに根付いた代物となっている。

かつてはコットンの布帛《ふはく》（いわゆる布ですね）で作られていたアイテムだった。だが今日これを木綿布でこさえることは少ない。そしてニットすなわち編み物と認識されることもまたない。全く別の製法で、ユニクロによって送り出された、フリースと呼ばれるパーカの上下が主流になってしまったからだ。そしてそれはプラスチックの成型によって作り出されていたのだ。一種の化学製品である。だから驚くほどカラフルで、そして軽く、安価に出来た。おまけに暖かだった。

これは一種の革命だったと言ってよい。人々はこぞってユニクロのジャージを買い求め、あっという間に日本中に広まった。それは老若男女を問わず、貧富の差も関わりがなかった。何百万枚も売れたことだろう。こういうアイテムはこれまでなかった。

全てのジャンルを越え、ファッション感覚も無視してユニクロのジャージは普及し、今日のユニクロ王国の基礎を築いたのである。そしてそれは国境をも越え、世界中の人が、これを着始めた。スポーツウェアだと思っていたのに、いつの間にか普段着になっている。こういうアイテムは、重ねて言うが、これまで他にはなかった。

結果として、他のメーカーがユニクロに続けとばかり類似の製品を作り出し、世に送り出した。それらもそれなりの売り上げを示し、ジャージはジーンズに継ぐ世界的ファッション・アイテムとなった。

当然、定年世代にもお馴染みである。

プロトタイプは中学校の体操着の上下である。プルオーバーではなく、ジップ・フロントだった。この方が着脱に便利だったからだ。臙脂色とか、紺色とか、土色といった汚れの目立ちにくい色が選ばれることが多く、胸に名札を義務付けられたりしていた。体操着だったが、その内に学校にいる全ての時間をこれで過ごすところも出てきた。当然登下校も、これで行う。ユニクロのフリースが一世を風靡する素地がこうして作られた。

生徒たちは、男女を問わず、鬱陶しいと思っていたが、その内に慣れてしまった。便利だからである。その頃、昭和三〇年代の中学には学年に1人か2人必ず、この体操着の素晴らしく良く似合う生徒が、男子にも女子にも、いたものである。育ち盛りのスラリとした肢体に、無粋な体操着が似合ってしまうのも、青春の魔法のひとつであったろう。

ユニクロがフリースとしてオシャレなアイテムのように売り出すまで、旧い、体操着の世代は、これを忘れていた。ただ家でゴロゴロするときにこんな便利なものはない、とは思っていた。知らずに愛用していたのだ。文字通り一日中これを着たままでいられるのである、重宝なことこの上ない。家の内でも外でも、風呂に入るとき以外は着たまんまである。定年世代でこれを所有していない向きは稀である。寝巻きとして使ったことのない人は皆無だろう。

トレーニングウ・ウェアという出自から、ジャージとは本来かなりスマートなアイテムである。それが体操着の時代からユニクロの世代に、いつの間にか、なってしまったので、旧いおじさんたちには少なからず混乱がある。だが安心されたい。これはシレッと着ていればいいのだ。ジャージだから恥ずかしいという、どこかで律儀なような気後れたような気分がつきまとうから、いけない。堂々と着ればいいのである。上下を着た上で革のジャケットでも羽織れば、相当上級者である。革のスニーカーで足元を固めれば万全だ。勇気があるなら首にバンダナを結んでもいい。

色目も、黒とか深緑なんかを選べば、ツィードのジャケットやグレイのヘリンボーンといったざっくりした上着とまことにマッチングが宜しい。靴で冒険したければ白と茶のサドルシューズ、言うところのコンビの革靴なんかカッコいい。銀座の中心に出来たギンザ・シックスなど、海外の観光客がワケのわからない格好で群がっているから、こういうスタイルが逆に、メチャメチャお洒落に見えるかも知れない。

なにしろ安価なのが魅力である。色々な色をそろえたって、たかが知れている。要するに丸首のトレーナーとトレーニング・パンツの組み合わせなのだから、相当にカジュアルである。化学素材だから洗えばすぐ乾くのも嬉しい。スニーカーが、素材やデザインでかなりドレッシーにも成り得る事を証明してしまった後だから、おじさんたちも勝手にジャージでエラそうに、していればいいのだ。

ファッションとは心構えであります。ダサくなるのもカッコよくなるのも、その人次

第である。〔**教え、その5**〕

ジャージで目立つのはサポーターの部分で、ここが下品だと（わかるよね）ぶち壊しでありります。くれぐれも注意が肝心。布のズボンではなく、ブリーフを長くしたようなものを穿いているのであることを忘れてはいけない。隠れているはずのモノが顕在化してはいけないのだ。だからトランクスではなくホールディングのよいブリーフを下に穿く。

「真打アンソニー・パーキンス」

メンズ・ファッションを語る時、その決定的な存在としてアンソニー・パーキンスは燦然と輝く、偉大な存在である。一種教祖的なスターと言ってよい。

スティーブ・マックイーンの大きさも忘れることの出来ないものだが、ファッション・リーダーとしてのそれではない。彼はあくまでハリウッド・スター、銀幕のヒーロー（古いね）スティーブ・マックイーンなのである。

これは笑い話だが、いっとき彼の首の太さが取り沙汰されたことがある。パーキンスみたいに太い首になりたい。そう願う若者が多かったのだ。

ところがこれは、彼の首が太いのではなく、その上に載った顔が小さいのだと判明する。顔が小さいから、相対的に首が太く見えたのである。勘違いにも、なんだか時代が表れているような気がする。

そうなのだ。彼こそ、元祖「小顔」なのである。小さな顔が長身のボディに載っている、というのは日本人の発想を大きく超えるもので、例えば往年の大スター長谷川一夫などは、とんでもなく大きな顔の人だった。舞台では、そういう顔の大きさが舞台映えがする、といってもてはやされたのである。

そのアンソニー・パーキンスで、最も板についていたのはクルー・ネックのセーターであろう。残された写真で窺えるそのスタイルはこうだ。

セーターはカシミヤのような薄手の素材ではなく、シェットランド種の比較的粗いタッチの毛糸で編まれた丸首のセーター、これが似合っている。記憶ではギンガム・チェックのボタン・ダウン・シャツだったが、実際はソリッドな紺の木綿のシャツ。これが「太い」首にあしらわれ、小さな顔をキリッと目立たせる。ズボンはコーデュロイかと思ったらジーンズだった。記憶にはいくつもの写真が重なって、別種の造型が結ぶのですね。ちなみにコーデュロイのズボンは脚の長さが強調される。素材がボッテリしているからである。ボリュームがあるから、脚がある程度長くないと、美しくないのですね。だから170センチ以下の定年世代には推薦しにくい。

アンソニー・パーキンスの写真では、足元は白い木綿のソックスにインディア・モカシンだった。つまりアメリカ・インディアンが穿いていたような、底とサイドが一枚皮で、甲の部分で縫い上げられた代物である。量販店で求められる、室内履きに、うってつけのフットウェアであります。

こういう組み合わせが一九五八年の写真で完成されていたことに驚く。どれもまず全て古くなっていないのだ。定年世代が、そのまま真似できるものであり、普通の男なら既に手元にあるものばかりだろう。アイビー・ルックが如何に色褪せないものであるかの、これは証明だろう。

「レックス・ハリソンのカーディガン」

一九六四年、当時のワーナー・ブラザーズが総力を結集して製作したミュージカル映画「マイ・フェア・レディ」で最も目立った衣裳は、レックス・ハリソンの演じたヒギンス教授の着るカーディガンであった。白い、なんでもない、ニットのカーディガンである。

世に名高いアスコット競馬場でのオードリー・ヘップバーン着るところのエドワーディアン調のドレスではなく、淑女に仕上げるための仕上げの舞踏会で着るゴージャスなイブニング・ガウンでもなく、また上流社会の男たちの着るフロック・コートでもなかった。普通の人の目には随分ともっさりした、しかし着る人ヒギンス教授にとって、最も着用の機会の多い部屋着である、白い襟なしのカーディガン、それがこのミュージカル史上金字塔とされる作品の映画版で一番目立つ衣裳であった。

映画全体の衣裳デザインは英国の写真家であり衣裳デザイナーのセシル・ビートンが

担当し、アカデミー賞を得た。グレタ・ガルボの恋人だったという噂が残っている人物だ。

今日、レックス・ハリソンの印象的な衣裳といえば、この白いニットのカーディガンということになる。ヒギンス教授のカーディガンは、ミュージカル作品の衣裳でも最も広く知られたアイテムであろう。エリザベス・テーラー主演の「クレオパトラ」で演じたジュリアス・シーザーのローマ時代の甲冑でも、ルネッサンス期の、シーザーと同じ名を持つ法王ユリウス二世の法衣でもなく、ただのカーディガン、それがレックス・ハリソンの最も知られた映画衣裳なのだ。

デザイナーのビートンはブロードウェイの「マイ・フェア・レディ」オリジナル版でも衣装を担当し、同様の、襟なしカーディガンをレックス・ハリソンに着せている。こちらではトニー賞を獲得した。だからヒギンス教授の衣裳というのはもう絶対、これしかないのである。

歴史的に見ると、カーディガンというニットの短いジャケットは、そう古い起源を持つものではない。「マイ・フェア・レディ」の舞台であるエドワーディアン時代すなわち20世紀初頭から遡ること50年くらい前の、クリミヤ戦争で誕生したものだ。19世紀の半ばのことである。英国のカーディガン将軍が考案し、戦場で着用したとされる。

もっとも、この時のカーディガンはニットではなく布帛であり、単に軍服の下に着る襟なしジャケット、という格好であった。いつの頃からか布帛からニットに代わり、紳士の格好の部屋着として定着したのである。

カーディガン将軍は世襲の伯爵であった。正しくはカーディガン七世である。だが実際のところ将軍としてはこれといった勲功もなく、ただその短いジャケットにその名を残すだけの存在である。レインコートの袖に名を残すラグラン将軍と、これは双璧であろう。こちらもクリミヤ戦争の産物だ。

セシル・ビートンはヒギンス教授の時代には比較的目新しいアイテムだったカーディガンを彼に着せることにより、ビクトリア朝からエドワーディアン時代に移った英国の上流階級のファッションの流れを象徴させたのであろう。

後に紳士の部屋着の主流となるディナー・ジャケットや、よりインティメイトなドレッシング・ガウンではなくカーディガンを選んだ辺り、ビートンの非凡なセンスを感じる。

もっとも映画ではヒギンス教授にドレッシング・ガウンなども着せている。ただカーディ

襟なしカーディガンの着こなしはレックス・ハリスンに学べ

ガンほど目立たないだけである。それほどの存在感を、ここでは持っていたのだ。

それはとにかくニットのカーディガンはヒギンス教授ばかりでなく、日本人の我々にも寛ぎのアイテムとして、つとに親しまれている。バーブラ・ストレイサンドのようにヘチマ襟でベルトを結ぶタイプも結構だが、やはりここはシンプルに襟なしのボタン止めタイプを勧めたい。これなら外出着として、そう、犬の散歩などに格好だからである。

素材も重厚な羊毛タイプからコットンの軽快なものまで幅広くあって、予算と好みによって選べる。つまりボリュームのあるバルキーなタイプから、薄いニット・ウェアとして、ジャケットの下に着込めるようなものまで揃っている、ということだ。量販店では比較的低価格で手に入る。色違いで数種類揃えるのも気が利いているだろう。すなわち白以外の真紅や紺、グリーンといった色目である。

「シナトラのニット・ウェア」

フランク・シナトラは生誕50周年の特別号のライフ（写真週刊誌）の表紙で、オレンジ

将軍としての勲功はないカーディガン将軍

色の、言うところのシナトラ・オレンジのカーディガンを着用し、チロリアンハットに似たツイードの帽子を被っていた。ダンディとか粋といった言われ方や褒められ方をするシナトラが、タキシード姿ではなくカーディガンで表紙を飾る、というのが彼一流の洒落であった。大いにクサイが、これがフランク・シナトラなのだな、と思った。

シナトラ・オレンジなどというのも、彼のPR担当あたりがマスコミに吹聴して広がったものであろう。痩せて小柄な彼には、暖色系のバルキーなシナトラ・オレンジのカーディガンは、似合っていた。夜の世界で名を売ったシナトラが、敢えてくだけたホーム・ユースのカーディガンを着用に及び、ライフの表紙を飾るというところに、一種のイメージ創成の意図を感じた。

定年世代で、多少なりとも洒落とか粋とかを意識している向きに、フランク・シナトラのファッション・アイデアは役に立つかもしれない。特にカジュアル・ルックに於いて、である。すなわち夜の世界に生きる男が、普段つまり日常をどう過ごすかと言う発想に於いてである。彼がカツラの愛用者であるということも、そちらに関係する向きには、親しみを覚える要因となるだろう。

ルイス・マイルストンが監督した一九六〇年の「オーシャンと11人の仲間」は、そのおよそ50年後にジョージ・クルーニーによってリメイクされ、ヒットした。オリジナルでタイトル・ロールのダニー・オーシャンを演じたのがフランク・シナトラである。

当時ラスベガスのサンズ・ホテルを所有していたシナトラは、夜はこのホテルのステージ・ショウに出演しており、そのショウの合間を縫って、仲間たちすなわちディーン・マーティンやサミー・デイビスJr.たちと映画出演を果たしたしたのである。

ここで仲間とは軍隊での戦友、という設定である。第二次世界大戦中、一緒に戦ったそういう連中が集められ、金主のロスアンジェルスの邸宅で計画が練られる。金主つまりアイデアを出した男は暗黒街の人間で、要注意人物としてマークされているため、ラスベガスに入ることは出来ない、ということになっている。

久しぶりに呼び集められた戦友たちは大いに昔を懐かしみながら、どうやってラス・ベガスのカジノを襲うかを練る。そういう謀議の際にシナトラたちが着ているのが、Vネックのセーターなのである。こういう時着るのが、アメリカではプルオーバーと呼ばれるニットのセーターであり、襟が揃ってVネック、というのが面白かった。つまり60年代当時の普通のオジサンたちにとって究極のリラックス・ウェアが、これだったのである。

映画だから色々な色が着られている。もっとも一方にはセーターを羽織らず、シャツだけの男もいる。なにしろ11人も仲間がいるのだからね。アメリカの大人はこういう時には当然酒を飲み、合間にビリヤードに興じる。金主は金持ちだから、当然屋敷にはビリヤード台くらいあるのだ。勿論仲間たちが寝泊まりする個室も、ちゃんと用意してある。メードや執事も揃っている。飲み食いは自由だ。但し女っ気はない。主人公には別れた妻がいるが、そういう女性と会うのは、この屋敷ではない。

中学生の初め頃にこれを見た時、カジノ襲撃という本筋より、ダニー・オーシャン以下仲間の連中の屋敷での寛ぎのスタイルに、大いに心を動かされた。お仕事はお仕事として、ああいうカリフォルニア・スタイルの、広い平屋の家に住み、好きなことをして暮すのは、さぞ気持ちがいいだろう、ということである。そうすることが可能になるまでには懸命に働かなくてはならないのだろうが、そして集められた戦友たちには市井のチマチマした生活があると紹介されるのだが、憧れましたね。享楽的、と言う言葉はまだ知りませんでした。しかし定年世代になった今、ああいうカリフォルニア・スタイルの暮らしぶりは、大いに参考になる。そういう人たちは、多いのではないか。で、そのライフ・スタイルに合致するのが、Ｖネックのセーターなのである。なに、これなら真似するのは可能だ。

「ウィンザー公とフェア・アイランド」

ところでウィンザー公という方は歴史上名高い英国の王様である。一九三五年に王位に就き、翌年退位した。

この人物はお洒落ということでも、つとに名高い。今日その名はウィンザー・ノットと呼ばれる太い結び目のネクタイの締め方に残している。だが後年アメリカの雑誌のインタビューで、その由来について尋ねられたとき、ワシはそんなもの知らんね、と答えられたという。どうやら多くのエピソードやアイデアは、マスコミが後から勝手に作り上げたものらしいのだ。戦前のアメリカの男性ファッション雑誌として評判の高いエスクワイア辺りが、おそらくその震源であろう。

しかし数は少ないが、真実も存在する。例えばフェア・アイル・セーターの紹介、というのはその功績の一例として挙げられるだろう。どちらかと言えばレディスのニットとして語られることが多いアイテムだが、メンズとしても素敵である。

スコットランド北端の小さな島であるフェア・アイランド、その島の特産品のニット・ウェアは、ウィンザー公が積極的に着用され、マスコミで大いに喧伝された。ゴルフ・ウェアとしてニッカーなどと一緒にコーディネートされた写真が残っている。

これが評価されるのはフェア・アイランドというのがそもそもニット・ウェアくらいしか産業がない島だったことに起因する。王室の一員としてウィンザー公は、今で言う島起こしの一環として積極的に、このニットを着られたのである。

映画「英国王のスピーチ」は、この方の弟君のお話である。現在のエリザベス女王は、公の姪に当たる。

ファッション雑誌の話題の格好の存在として、ウィンザー公については随分書いたし、公を主人公にしつらえた短編小説も、ものしている。要するにウィンザー公については、いくらでも書くことがあるのだ。日本人に大の人気のグレン・チェックがウィンザー・

チェックと呼ばれていたとか、ラグラン袖のウールのざっくりしたオーバーバー・コートがウィンザー・コートと呼ばれたとか、何でも名前にウィンザーと付けていれば、それらしく扱ってもらえた時代が、あったのですね。

身長は一七〇センチに届かず、ほぼ我々と同じくらいの体型であった。しかし顔が小さく、小づくりな表情を持っていた。弟の孫のチャールス皇太子、すなわち現在のプリンス・オブ・ウェールズが、長顔で長身なのと好対照だが、これはギリシアから来た娘婿つまりエリザベス女王の夫君フィリップ殿下の、ギリシア系の美丈夫ぶりを受け継いだものだろう。英国王だった方が意外に小柄だったのに、驚く向きもあるかもしれない。ちなみに来日も果たしている。戦前の大日本帝国は大英帝国とひじょうに仲が良かったのである。

それはとにかくウィンザー公の身上は、フェア・アイランドのニットの紹介に見られるような、王室の一員としての義務感すなわちノブレス・オブリッジにあったのではないか、と思う。つまり高貴な生まれの人間には常人以上の義務が課せられる、という思いである。フェア・アイル・セーターを見るたびに、それを想起する。

一見地味だが実は典雅でリッチな模様の、このフェア・アイル・セーターは定年世代に相応しく、一枚は持っていたい。最近の例では元ビートルズのポール・マッカートニーが、その愛用者として知られる。リバプール生まれの彼にはフェア・アイランドは身近な存在だったのであろう。小さい頃から着ていたような、そういう着慣れた気分が伝わってくる。このままボタン・ダウン・シャツに羽織っても、ブルー・ブレザーの下に着込んでもよい。それがフェア・アイル・セーターである。

ここまで注意深く読まれた読者は、本書には圧倒的に柄物への言及が少なく、もっぱら無地のアイテムがその評価の対象になっていたことに気付かれるだろう。勿論マドラス・チェックのシャツやアロハシャツ、それにタッターソール柄は登場したが、ニット・ウェアでは無地一辺倒である。靴下に使われるアーガイル模様のセーターも、ここでは積極的に扱ってはいない。

そういう中で細かい編み込み模様のフェア・アイル・セーターを持ち上げるのは、やや異色である。しかしタッターソール柄に見るように、伝統的な色柄、すなわちトラッドな模様は、大いにこれを評価するのだ。結局、英国伝統のアイテムというものは永遠なのですね。つまるところ定年世代のセーターは、柄物を選ぶならフェア・アイル・セー

ウィンザー公の弟君があの映画「英国王のスピーチ」主人公

ターで充分、と断じるのである。カウチン・セーターも不要であり、他の妙な模様のアイテムに至っては、まるで無用とばかりに。

「ロバート・レッドフォードのタートル」

今では嫌に皺の目立つおっさんになってしまったが、ロバート・レッドフォードがバーブラ・ストライサンドと共演した一九七三年の「追憶」は、彼の水もしたたるハンサムぶりを見る映画だった。

最も有名なのは海軍将校の真っ白な軍服を着て、酒場のカウンターで眠ってしまう場面だ。あちらでは観客の女性から、ため息が合唱のように聞こえてきたと、ものの本に書いてある。

洋の東西を問わず男の軍服姿は究極のダンディズムの発露とされ、多くの名場面を生んで来た。例えばその約10年後の一九八二年に公開された「愛と青春の旅立ち」のリチャード・ギアとかね。

だがこういうよその国の軍服の話は日本の定年世代にはあまり関係がない。この映画でレッドフォードが見せたいま一つのお洒落は、これも真っ白なバルキーなタートルネックのセーターである。海岸をのんびり歩く二人の姿を遠目に捉えた美しい場面で、彼はこれを着ていた。ロバート・レッドフォードは白が似合う。金髪だということも、大いに影響しているだろう。

相手のバーブラは、これも語り草になるショール・カラーのカーディガンを、ここで着込んでいる。白いニット・ウェアのペア・ルックであった。同じアイテムにしないで、デザインを変え、それでも色だけは白で統一したのだった。衣裳デザイン担当のテオドラ・バン・ランケル女史の勝利である。不細工なルックスの代表みたいな彼女が、こういうカジュアル・ルックでは結構素敵に見えるのが意外だった。

それはとにかくレッドフォードのタートルネックは大袈裟なほどにバルキーで、ふんわりと心地良さそうだった。ニット、中でもタートルネックのセーターは育ちの良さそうな落ち着きと明るさが必須である。しばしば英国のコマンドー映画、すなわち敵地に潜入する決死隊の軍人たちが、このタートルネックを着て事に及ぶが、落ち着いた英国人の暮らしが底に透けて見えて、なかなか感じが良い。やはりニットは本場の英国には敵わないと、そういう戦争映画を見ても、思ってしまう。

定年世代としては、この余裕と明るさを強調するタートルネックで、秋冬の生活を彩っていただきたい。色はレッドフォードを気取って純白でもいいが、汚れが目立つから、ここは臙脂か濃紺、深緑と言った辺りが良いだろう。奥方も賛成してくれることと思う。さらには100パーセント純毛ではなく混紡だと家で洗濯ができて、喜ばれるだろう。だが同じアイテムのペア・ルックは、ニットだと少し鬱陶しい。ここは異なるアイテムで、やっていただこう。

奥方とペアで着る場合は、レッドフォードとバーブラのように、アイテムを別にした方がいい。

奥方はショール・カラーのカーディガンで、ベルトを締めるタイプにし、旦那はざっくりとタートルネックにする、もしくは逆というペアである。これは相当お洒落ですよ。

編み方も普通のケーブル編みではなく、アラン・セーターすなわち縄編みになった、ざっくりしたアイテムも捨てがたい。こちらは生成が定番で、オイルド・セーターの名の通り未脱脂の、脂っぽい風合いが身上である。脂分を含んでいるだけ通気性が悪く、すなわち保温力に富んでいる。暖かいのである。これは要するに英国北部島嶼地方の漁師たちが、北海の漁に出る際に着用に及んだものだから、そういう実用性が前面に出るのである。

アラン・セーターは漁に出る夫たちに、愛情の証として、妻が自分で編むものである。(勿論これはうんと昔の話だが) つまりは、我が家独自のセーターで、編み方にその家のオリジナル・パターンが施される。不幸にも遭難した場合、魚に遺体が食い荒らされてもセーターのパターンで身元が判明する、という寸法なのだ。悲しいような、良く出来たような、話である。

今日売られているものに、そういう仕掛けはないが、要するにこれは漁師にとって漁網やモリなどと同じような、道具の一種だったのだと知ると、定年後のウェアとしても一つの物語を纏っているようで、奥深い。こういう薀蓄を、どこかで誰かに話したくなるだろう。

華奢な女性が、ざっくりしたアラン・セーターを着ると、独特のお色気が醸し出される。お二人のために、ナイス・マッチングをお祈りする。

馬場啓一（ばば・けいいち）
1948年福岡県生まれ。作家、エッセイスト、流通経済大学法学部教授。
著書に『VANグラフィティ ―アイビーが青春だった』（立風書房）『白洲次郎の生き方』『白洲正子の生き方』（共に講談社）『池波正太郎の通った味』『名文を読みかえす』（共にいそっぷ社）他

定年ダンディの作り方
渋い男になるための普段着の着こなし術

2018年1月30日初版第1刷発行

著　者―馬場啓一
発行者―松岡利康
発行所―株式会社鹿砦社（ろくさいしゃ）
●本社／関西編集室
兵庫県西宮市甲子園八番町2-1 ヨシダビル301号 〒663-8178
Tel. 0798-49-5302 Fax. 0798-49-5309
●東京編集室／営業部
東京都千代田区神田三崎町3-3-3 太陽ビル701号 〒101-0061
Tel. 03-3238-7530 Fax. 03-6231-5566
URL http://www.rokusaisha.com/
E-mail 営業部○ sales@rokusaisha.com
編集部○ editorial@rokusaisha.com

装　幀　鹿砦社デザイン室
印刷所　吉原印刷株式会社
製本所　鶴亀製本株式会社

Printed in Japan ISBN978-4-8463-1218-3 C0095
落丁、乱丁はお取り替えいたします。お手数ですが、弊社までご連絡ください。